Jonathan Welton

Die Schule der Seher

Jonathan Welton

Die Schule der Seher

Eine praktische Anleitung, wie man ins Unsichtbare hineinsehen kann

GloryWorld-Medien

Originally published in English under the title „The School of the Seers – Expanded Edition" by Destiny Image, 167 Walnut Bottom Rd., Shippensburg PA 17257-0310, USA.

3., verbesserte Auflage 2017

Bibelzitate sind, falls nicht anders gekennzeichnet, der Elberfelder Bibel, Revidierte Fassung von 1985, entnommen.

Weitere Bibelübersetzungen:
HFA: Hoffnung für alle, Basel und Gießen, 1983
LUT: Lutherbibel, Revidierte Fassung von 1984
NGÜ: Neue Genfer Übersetzung, 2009
NLB: „Neues Leben. Die Bibelübersetzung", Holzgerlingen, 2002.
REÜ: Einheitsübersetzung in neuer Rechtschreibung, 2004
SLT: Schlachter 2000

Das Buch folgt den Regeln der Deutschen Rechtschreibreform. Die Bibelzitate wurden diesen Rechtschreibregeln angepasst.

Übersetzung: Regina Frohms
Lektorat: Thilo Niepel / Manfred Mayer
Satz: Manfred Mayer
Umschlaggestaltung: Kerstin & Karl Gerd Striepecke, www.vision-c.de
Foto: fotolia
Druck: CPI books GmbH, Leer

Printed in Germany

ISBN: 978-3-936322-85-9

Bestellnummer: 359285

Erhältlich beim Verlag:

GloryWorld-Medien
Beit-Sahour-Str. 4
D-46509 Xanten
Tel.: 02801-9854003
Fax: 02801-9854004
info@gloryworld.de
www.gloryworld.de

oder in jeder Buchhandlung

Stimmen zum Buch

Jonathan Welton ist brillant. Wenn er lehrt, behält man, was er sagt. Der Geist Gottes ist auf ihm, und die Salbung auf seinem Leben wird auch starke Auswirkungen auf Ihr Leben haben.

Harold R. Eberle
Gründer von „Worldcast Ministries"

Ich kenne Jonathan Welton bereits seit vielen Jahren und ich schätze ihn als Person ebenso wie seinen Dienst und seine Botschaft. Jonathan lehrt, was er selbst erkannt hat, und vervielfältigt seine Salbung in anderen. Mit diesem Buch erhalten wir Anteil an der Salbung eines Mannes, der die Botschaft und den Mantel eines Sehers trägt. Seine Lehre und seine Person kann man nicht voneinander trennen; diese Begabung ist Teil seiner DNA. „Die Schule der Seher" öffnet den Bereich des Unsichtbaren, sodass wir das Unmögliche tun können. Dies ist die Gabe, die den Leib Christi in den übernatürlichen Bereich hineinversetzen wird. Mein Gebet ist einfach: „Öffne mir die Augen, Herr, sodass ich sehen möge!"

Leif Hetland
„Global Mission Awareness"

Wir sind ständig vom unsichtbaren Bereich der geistlichen Mächte umgeben, und zwar von guten und von bösen. In seinem Werk *Die Schule der Seher* gibt Jonathan Welton viele wertvolle Erkenntnisse weiter, die er durch Bibelstudium, Studium der Kirchengeschichte und Gebet erhalten hat. Er erklärt dem gewöhnlichen Christen, wie er seine eigene geistliche Wahrnehmungsfähigkeit schärfen und mit der unsichtbaren Welt in Kontakt treten kann.

Robert Stearns
Gründer/Geschäftsführer von „Eagles' Wings Ministries"

Jonathan Weltons Buch *Die Schule der Seher* wird Ihnen helfen zu entdecken, dass das Übernatürliche die normale Art zu leben werden kann. In diesem Schulungshandbuch spricht Jonathan aus seiner Erfahrung – nicht aus der Theorie – über die vielen verschiedenen Aspekte des Sehertums. Genauso wie Taubheit und Blindheit im natürlichen Bereich eine ernsthafte Behinderung darstellen, so ist es auch im geistlichen Bereich. Mögen Sie anfangen, in diesen unsichtbaren Bereich hineinzusehen, während Sie dieses Handbuch studieren.

Gary Oates
Autor von *Öffne mir die Augen, Herr*
Internationaler Sprecher auf Konferenzen

Die Sehersalbung ist eine Einladung von Gott an die Gemeinde in dieser Zeit. Wir sollen – wie Jesus damals – endlich sehen, was unser Vater im Himmel gerade tut, und dies auch tun! Jonathan Welton hat sich intensiv mit diesem Thema befasst und viele Jahre lang Erfahrungen in diesem Bereich gesammelt. In seinem Buch „Die Schule der Seher" vermittelt er uns seine Erkenntnisse aus dem Wort Gottes, damit auch wir diese Salbung ergreifen.

Patricia King
„Extreme Prophetic"

Vieles, womit ich selbst begabt und begnadet bin, habe ich an jüngere Männer und Frauen der nächsten Generation weitergegeben. Jonathan ist einer von ihnen. Er ist wie ein Prototyp für die prophetischen „Timotheusse" in vielen Ländern, in deren Leben hineinzusprechen, ich die Ehre und das Vorrecht hatte. Es ist offensichtlich, dass Jonathan eine der aufkommenden prophetischen Stimmen für die Gemeinde ist. Seine Fähigkeit, über die Offenbarungsgaben des Geistes zu lehren *und* sie zu demonstrieren, machen ihn zu einer echten und doppelten Bedrohung für den Feind!

Dennis Cramer
Vorsitzender von „Dennis Cramer Ministries"

Ich bitte den Herrn schon lange darum, die nächste Generation von Theologen und Lehrern aufstehen zu lassen, die in der kommenden Zeit dem Leib Christi eine Theologie des Reiches Gottes mit Zeichen und Wundern vermitteln. Ich glaube, dass Jonathan Welton einer dieser neuen Theologen und Lehrer ist. Er liebt den Leib Christi zutiefst und trägt eine Salbung für Offenbarung, Lehre und geistliches Sehen, die der Leib Christi braucht, um für die kommenden Zeiten richtig ausgerüstet zu sein.

Rev. John S. Baylor Jr.
Masters of Divinity, „Fuller Theological Seminary"

Jonathan öffnet die Augen seiner Leser für das aufregende Leben, das jenen offensteht, die lernen, die geistliche Welt zu sehen. Auf eindrucksvolle Weise enthüllt er die Schrift und zeigt auf, wie viele Persönlichkeiten in der Bibel fähig waren, in die geistliche Welt hineinzusehen, mit Gott in inniger Gemeinschaft zu leben und göttliche Wegweisung zu empfangen. Nur wenige haben bisher – wie Jonathan in *Die Schule der Seher* – gelehrt, dass dies für uns heute möglich ist.

Dr. Art Mathias
Vorsitzender von „Wellspring Ministries"

Jonathan Welton besitzt eine Leidenschaft für Gott, die in seiner Lehrgabe und seinem Dienst überströmt. Seine Lehre vermittelt eine neue Sicht der Kraft des Heiligen Geistes, die durch das Wort Gottes offenbar wird. *Die Schule der Seher* wird Sie herausfordern und ermutigen, Ihre Sichtweise der Welt zu verändern, indem es Ihre Augen für die unsichtbare geistliche Welt öffnet.

Brian Stebick
Regionaler Leiter von „CSB Ministries"

INHALT

Danksagungen

Ich möchte damit beginnen, meiner Frau Karen, dem wichtigsten Menschen in meinem Leben, Dankeschön zu sagen. Ich kenne niemand, der Jesus so authentisch repräsentiert wie du. Es fordert mich jeden Tag aufs Neue heraus, wie du dein Leben führst: in Liebe, Demut, Vergebung, Sanftmütigkeit und Glauben. Du bist das größte Zeichen in meinem Leben dafür, dass es einen Gott gibt, weil ich ihn jeden Tag in deinem Herzen sehen kann. Ich danke dem Herrn, dass er mir eine Partnerin gegeben hat, die perfekt zu meinen Stärken und Schwächen passt. Das Vertrauen, das du in meine Fähigkeit hast, vom Herrn zu hören, bringt mich dazu, in einer tieferen Ehrfurcht vor dem Herrn zu wandeln.

Dann möchte ich meinen Eltern, Jim und Carolyn Welton, Ehre erweisen. Ich bin so dankbar, Eltern zu haben, welche die demütigsten, liebevollsten, freundlichsten, gütigsten und mitfühlendsten Liebhaber Gottes sind, die ich kenne. Ich liebe euch beide sehr.

Schließlich möchte ich den weiteren „Helden" im Leib Christi danken, die mir enorme Vorbilder sind und einen gewaltigen Einfluss auf mich ausgeübt haben: Randy Clark, Harold Eberle, Patricia King, Dennis Cramer, Cheryl Schang, Watchman Nee, Kris Vallotton, Bill Johnson, Heidi Baker, Gary Oates, Joe McIntyre, Tommy Tenney, John Shoemaker, Bob Sorge, Leif Hetland und Lance Wallnau.

Vorwort von Randy Clark

Jonathan Weltons Buch, *Die Schule der Seher,* ist eine hilfreiche Anleitung für jeden, der sich danach sehnt, in der Dimension des Prophetischen bzw. des Sehers zu wachsen. Ich glaube, dass Jonathan einer der prophetischen Diener Gottes der nächsten Generation ist. Er ist belesen und hat einen großartigen Geist; doch gegründet in Liebe und Gnade, wandelt er in Demut und hat sich in seinem Streben nach Exzellenz in seiner Begabung und Berufung ständig weitergebildet und mit Hochschulabschlüssen qualifiziert.

Jonathan schreibt nicht nur über dieses Thema, sondern demonstriert beispielhaft, was er lehrt, indem er in Gemeinden und bei Konferenzen in den Gaben dient, über die er geschrieben hat. Ich glaube, dass Jonathan bereits in seinem Elternhaus gesunde Vorbilder hatte und dadurch viel über Charakter und Integrität gelernt hat. Er kommt aus einer stabilen Familie mit gesunden Beziehungen. Er hat beobachtet, wie seine Eltern in der Gemeinde und in ihrem Dienst im Prophetischen gewirkt haben. Das ist wirklich ein großartiges Fundament, auf dem er aufbauen kann, und trägt sehr zu seinem Schreiben, Lehren und prophetischen Dienst bei.

Jonathan ist einer der jungen Männer, in deren Leben ich hineinsprechen durfte. Ich habe beobachtet, wie schnell er gewachsen ist, indem er Gott und dessen Zielen nachgejagt ist. Es begeistert mich, ihn und andere junge prophetische Diener dieser Generation zu erleben. Ich glaube, dass sie höhere Ziele erreichen, das Wort Gottes tiefer verstehen und schon in jungen Jahren mehr erfahren werden als viele in den vergangenen Generationen. Zudem glaube ich, dass diese Generation eine offenbarende Lehre mit einem solchen Niveau hervorbringen wird, sodass wir Wahrheiten erkennen werden, die uns in der Vergangenheit entgangen sind. Schon oft habe ich wiederholt, was mein Freund Bill Johnson immer gesagt hat: „Unsere Decke ist der Fußboden der nächsten Generation!"

Ich freue mich, dass ich Jonathans Buch *Die Schule der Seher* in der Öffentlichkeit willkommen heißen darf. Ich weiß, dass die Kraft Wunder zu wirken damit zusammenhängt, wie viel Offenbarung wir vom Himmel empfangen haben. Je klarer die Offenbarung, umso mehr Glaube erzeugt sie, und je größer der Glaube, desto gewaltiger ist das Wunder bzw. die Heilung. Sehen ist ein biblisches Konzept und Prinzip. Auf Seiten des Volkes Gottes hat sich „Sehen" durch die Kirchengeschichte hindurch fortgesetzt. Auch heute ist die Sehergabe für die Gemeinde wichtig. Jonathan hat ein Buch geschrieben, das uns dabei hilft „zu sehen", was in der Bibel steht, und von dieser Wahrheit ausgehend, das Recht der Gläubigen zu entdecken, in den unsichtbaren Bereich „hineinzusehen".

Evangelist Randy Clark
Global Awakening Ministries
Autor des Buches *There Is More!*

Vorwort von Karen Welton

Jonathan ist ein begabter Lehrer und ein demütiger Leiter. Als seine Frau und beste Freundin habe ich großen Respekt für seine einzigartige Salbung und sein mitfühlendes Herz, das sich danach sehnt, dass jeder Gläubige die Fülle seiner Bestimmung erreicht. Sein Einfluss auf mein Leben und auf das Leben vieler unserer Freunde hat uns für immer verändert. Noch immer begegne ich Menschen, die Jonathan für den gewaltigen Einfluss danken, den seine ermutigenden Worte und Lehrvorträge einst auf ihr Leben hatten. Ich erinnere mich noch an die Anfangszeit, als Jonathan erste Erfahrungen mit der „Seherbegabung" machte. Ich werde ihn auf den folgenden Seiten die ganze Geschichte selbst erzählen lassen, doch erlauben Sie mir, dass ich Ihnen hier meine Perspektive mitteile.

Als wir beide im Collagealter eine charismatische Jugendgruppe im ländlichen Teil des Bundesstaates New York besuchten, fing Jonathan an, „im Geist zu sehen". Zu jener Zeit waren wir enge Freunde und brannten beide leidenschaftlich für Jesus. Ich weiß noch, wie Jonathan mich während einer dieser Treffen zur Seite zog und mir von diesen eigenartigen Erfahrungen erzählte und was er dabei „sah". Er schien in gleichem Maße erschrocken und begeistert über das zu sein, was ihm widerfuhr. Obwohl er diese Erfahrungen lange Zeit nicht offen mitteilte, empfand er, dass er sie mir anvertrauen konnte. Ich erinnere mich, wie ich ihm mit Erstaunen und Ehrfurcht zuhörte.

Jonathan sagte, er habe Fremde auf der Straße gehen sehen. Einige seien von einem Licht oder einer Aura umgeben gewesen. Das zeigte ihm, dass sie mit dem Heiligen Geist erfüllt waren. Bei anderen konnte er eine dunkle Wolke um sie herum sehen, und er wusste dadurch, dass sie bedrückt waren oder von Dämonen gequält wurden. Noch begeisternder waren für mich die Engel, die normalerweise Licht oder Feuer ausstrahlten. Er konnte die Farbe und den Stil ihrer Gewänder, ihren Gesichtsausdruck und viele andere Einzelheiten beschreiben. Bestimmte Engel trugen Stäbe oder Schwerter, und einige, nicht alle, hatten Flügel. Einige Engel waren so groß wie Menschen, andere waren zweieinhalb bis drei Meter groß oder noch größer. Gelegentlich sah er Engel, die bestimmten Christen zugeteilt waren.

Wenn wir in der Jugendgruppe den Herrn mit Hingabe anbeteten, strömten unzählige Engel in den Raum hinein. Sie verbanden sich im Lobpreis, im Gesang und im Tanz mit uns. Manchmal, wenn die Anbetung plötzlich unterbrochen wurde, sah Jonathan, wie sie weinten, und er wusste, dass der menschliche Wille etwas außer Kraft gesetzt hatte, was der Heilige Geist hatte tun wollen. Er beschrieb diese Erfahrungen derart detailliert, als würde er sie so deutlich vor sich sehen, wie er mich sah.

Hätte ich nicht gewusst, dass Jonathan ein emotional stabiler und geachteter Leiter war, der die Bibel besser kannte als irgendjemand, den ich bis dahin getroffen hatte, wäre ich verständlicherweise skeptischer gewesen. Stattdessen wollte ich alles wissen. Ich stellte ihm endlose Fragen: „Was siehst du gerade in diesem Moment? Siehst du etwas um mich herum? Gibt es Engel in diesem Zimmer? Wie sehen Engel aus? Kannst du sie physisch sehen, so wie du mich siehst, oder sind sie durchsichtig, als würde ihre Erscheinung den physischen Raum überlagern? Siehst du Dinge vor deinem geistigen Auge?" Oftmals konnte ich während der Anbetung meine Aufregung nicht länger aushalten; dann beugte ich mich zu Jonathan hinüber und flüsterte ihm zu: „Was geschieht gerade im geistlichen Raum? Siehst du Engel? Wo sind sie?" Meistens behielt er diese Informationen für sich, aber wenn ich Glück hatte, konnte ich einiges aus ihm herausbekommen und im Laufe der Zeit fühlte er sich immer wohler, es auch anderen mitzuteilen.

Jonathan begab sich auf die lange Reise, diese Gabe zu studieren und sie zu beschreiben, wobei er in der Schrift und in jedem

Buch, das er in die Hände bekam, nach tieferer Offenbarung forschte. Das Ergebnis seiner Bemühungen ist, sieben Jahre später, das Buch, welches Sie nun in Ihren Händen halten.

Jonathan ist im wahrsten Sinne des Wortes ein Lehrer. Eine Eigenschaft schätze ich an Lehrern am meisten, allerdings handelt es sich dabei nicht um umfassende Erkenntnis, eine charismatische Redeweise oder sogar tiefe Offenbarungen. Obwohl all dies gut ist, neige ich meine Ohren eher denen zu, die ihre Gedanken fortwährend dem Heiligen Geist unterstellen und ihre Erkenntnis nicht als Trophäe, sondern als ein Tongefäß ansehen, welches der Herr formen und wandeln kann. Paulus sagt: „Werdet verwandelt durch die Erneuerung des Sinnes" (Röm 12,2). Diesen Prozess habe ich in auffallender Weiser in meinem Mann Gestalt annehmen sehen. Wie alle wahren Lehrer hat er nie aufgehört zu lernen.

Jonathans Erfahrungen haben mir eine völlig neue Welt eröffnet. Schon vorher hatte ich an Engel und eine geistliche Welt geglaubt, aber seine Begegnungen haben alles, was ich in der Bibel darüber gelesen habe, so viel realer werden lassen. Seit dieser Zeit habe ich gelernt, wie ich in meiner eigenen Unterscheidungsgabe wachsen und Erfahrungen mit der geistlichen Welt und dem Wahrnehmen von Engeln machen kann. Manchmal denke ich, dass ich auf unverdiente Weise bevorzugt bin, einen Seher als Ehemann zu haben! Natürlich, das werden Sie selber lesen, geht wahre Unterscheidung weit über die Fähigkeit hinaus, Engel zu sehen. Es gibt einen Bereich von Offenbarung, den Gott *für* Seine Kinder und nicht *vor* Seinen Kindern verborgen hat. Wenn Sie aufrichtig und hungrig sind, werden Sie ihn aufspüren.

Meine frühe Faszination und Neugierde in Hinblick auf die geistliche Welt wird von vielen anderen geteilt, sowohl innerhalb als auch außerhalb der Gemeinde. Die meisten Fragen, mit denen ich Jonathan bedrängt habe, werden ihm auch von anderen Menschen gestellt, wenn sie zum ersten Mal von seiner Fähigkeit hören, „im Geist zu sehen". Gott hat uns so geschaffen, dass wir einen Appetit auf das Übernatürliche haben. Einmal drückte es jemand folgendermaßen aus: „Wir sind keine physischen Wesen, die gelegentlich übernatürliche Erfahrungen machen, sondern übernatürliche Wesen, die eine vorübergehende physische Erfahrung machen." Die geistliche Welt umgibt uns überall und ist realer als die physische Welt, in der wir leben und die wir jeden Tag erfahren. Ob wir es nun glauben oder nicht, unser Leben ist auf vielfältige Weise von der unsichtbaren geistlichen Welt beeinflusst.

Viele Menschen sind mit diesem unsichtbaren Bereich durch esoterische oder andere übernatürliche Erfahrungen in Berührung gekommen. Diese Personen begreifen die Realität und Kraft der geistlichen Welt, doch der Leib Christi versteht diese Dinge häufig nicht und verurteilt sie oftmals. Da es im Leib Christi heutzutage wenig biblische Lehre über die geistliche Welt gibt, haben viele Gläubige den Glauben daran verloren und sind teilweise verletzt oder verwirrt, weil ihr Hunger nach dem Übernatürlichen schnell getadelt wurde.

Andere Christen haben begonnen, übernatürliche Phänomene zu erleben: Sie hatten Träume, Visionen oder offene Visionen oder haben Engel und Dämonen gesehen. Oft mangelt es ihnen aber an solider biblischer Lehre und sie sind zu *Seherwaisen* geworden, wie wir sie bezeichnen. Diese Leute suchen verzweifelt nach jemandem, der sie trainiert, ermutigt und sie freisetzt. Wenn die Gemeinde ihre *Seherwaisen* nicht bereitwillig aufnimmt, dann wird es die New-Age-Bewegung tun.

Gott ist dabei, die Sehersalbung und die Gabe der Unterscheidung im Leib Christi wiederherzustellen. Jonathan zeigt auf, wie jeder Christ die geistliche Dimension auf sichere und biblische Weise durch Jesus Christus erfahren kann, der die Quelle aller Wahrheit ist. Ob Sie nun eine *Seherwaise* sind, die nach solider Lehre sucht, oder ein Mensch, der sich danach sehnt, die geistliche Welt selber zu erleben – dieses Buch wird Ihnen die Werkzeuge an die Hand geben, um Ihre eigene Unterscheidung zu aktivieren und zu schärfen.

Vor allem bete ich, dass Sie dem Herrn begegnen – weit über Ihre Erwartungen hinaus. Bevor Sie mit dem ersten Kapitel beginnen, fordere ich Sie auf, den Heiligen Geist zu bitten, sich Ihnen auf übernatürliche Weise zu offenbaren, bevor Sie dieses Buch beendet haben. Ich bin davon überzeugt, dass Gott dieses Gebet immer beantwortet, weil er uns versprochen hat, dass er uns nahekommen wird, wenn wir uns ihm nähern (vgl. Jak 4,8). Möge dieses Buch einen Hunger in Ihnen hervorrufen, die Gegenwart Gottes zu suchen, die Geheimnisse Gottes zu entdecken und neue Bereiche zu erschließen, von deren Existenz Sie nicht zu träumen gewagt hätten!

In Christus,
Karen Welton

EINFÜHRUNG

Seit vielen Jahren höre ich Christen über Engel, geistliche Kampfführung, Prophetie und die geistliche Welt reden. Mengen von Büchern sind über jedes einzelne dieser Themen geschrieben worden, und über jedes von ihnen gibt es viele verschiedene Lehren. Ich habe mich oft gefragt: Warum sollte ich ein weiteres Buch zu diesem Thema schreiben? Wie kann ich es einzigartig gestalten?

Ich bin ein eifriger Leser aller Bücher über christliche Spiritualität und das Übernatürliche. Wirklich genieße ich jedoch, wenn ich etwas Frisches, Tiefes und Neues finde. Als jemand, der hungrig danach ist, Gott tiefer zu erkennen und grundlegende Wahrheiten im Wort zu suchen, versuche ich nun ein Buch zu schreiben, das noch kein anderer geschrieben hat. Es ist mein Verlangen, Ihnen frische und tiefe Offenbarung aus dem Wort zu vermitteln.

Mein Ziel ist, ein praktisches Handbuch herauszubringen, welches den normalen Gläubigen darin unterweist, wie er mit der unsichtbaren Welt in Beziehung treten kann. In unserem täglichen Leben sind wir von geistlichen Mächten und Aktivitäten umgeben. Dennoch herrscht innerhalb der Gemeinde ein Mangel an Verständnis, wie wir mit dieser Wirklichkeit umgehen können. Das ist sehr besorgniserregend, insbesondere wenn man bedenkt, dass die Anhänger der New-Age-Bewegung mit der unsichtbaren Welt meist keine Probleme haben und manchmal Wahrheiten verstehen, in welchen der typische Christ nicht unterwiesen wurde.

Die Grundlage für die Lehre in diesem Buch ist das Wort Gottes und ebenso eine persönliche Beziehung zu Jesus Christus. Es ist wichtig, sich daran zu erinnern, dass Satan sein Reich so führt, dass er das wahre Königreich Gottes fälscht. Wenn man eine Fälschung anfertigt, wie zum Beispiel bei Geld, ist es das Ziel, die

Fälschung so echt wie möglich aussehen zu lassen. Eine Fälschung versucht die Wahrheit nachzuahmen; sie wird aber niemals die Wahrheit *sein.* Obwohl einige der Lehren in diesem Buch umstritten sein mögen – in dem Moment, wo wir sie am Wort Gottes messen, sollten wir in der Lage sein, den Unterschied zwischen der Wahrheit des Königreiches Gottes und den Lügen des Reiches der Finsternis zu erkennen.

Eine Fälschung sieht dem Echten sehr ähnlich. Wir können nicht einfach vom Echten weglaufen, nur weil es eine Fälschung gibt. Leider haben viele Christen genau dies getan. Sie würden ja auch nicht Ihr Geld wegwerfen, nur weil es auf der Welt Falschmünzer gibt. Ebenso sollten wir nicht das Verständnis der geistlichen Welt und die Tatsache, dass wir als wiedergeborene geistliche Wesen funktionieren, über Bord werfen, nur weil es Fälschungen auf der Welt gibt.

Viele Christen betrachten sich als unzureichend ausgerüstet, um die tiefen Dinge des Geistes verstehen oder im Übernatürlichen wirksam werden zu können. Dies mag so gewesen sein, aber inzwischen werden entsprechende Seminare angeboten, um die Gemeinde in die Reife zu führen. Genau das ist die Absicht dieses Buches: den Leib Christi mit den Informationen zuzurüsten, die notwendig sind, um im Wandel im Übernatürlichen Reife zu erlangen.

Die Schrift bestätigt, dass es richtig ist, Menschen im Übernatürlichen zu trainieren. Nehmen wir zum Beispiel folgende Geschichte aus dem Alten Testament:

In 1. Könige 19,19-21 nimmt sich Elia, der berühmte Prophet Israels, einen Lehrling namens Elisa. Als Elisa heimging, um beim Herrn zu sein, hatte es eine bedeutende Zunahme an geistlicher Kraft gegeben, und Elisa empfing das doppelte Maß der Salbung, die auf Elias Leben lag (vgl. 2 Kön 2,12-14). In der Tat werden von Elisa genau doppelt so viele Wunder berichtet wie von Elia. Elisa wiederum nahm sich einen eigenen Diener namens Gehasi (vgl. 2 Kön 4,12a).

Hätte Gehasi danach verlangt, dann hätte (meiner persönlichen Meinung nach) der Herr Gehasi ebenfalls das doppelte Maß der Salbung von Elisa gewährt. Seine Gier jedoch disqualifizierte ihn davon, Elisas Nachfolger zu werden (vgl. 2 Kön 5,20-27). Er hat sich nicht nur disqualifiziert, sondern wurde auch noch mit Lepra verflucht! Zu jenem Zeitpunkt der Geschichte nahm Elisa sich einen neuen Diener, dessen Name nie erwähnt wird; so beziehe ich mich auf ihn als den „namenlosen" Diener.

Als der Diener des Mannes Gottes aufstand und früh am nächsten Morgen hinausging, war die Stadt von einer Armee mit Pferden und Streitwagen umgeben. „Ach, mein Herr! Was sollen wir tun?", fragte der Diener. „Fürchte dich nicht", antwortete der Prophet. „Zahlreicher sind die, die bei uns sind, als die, die bei ihnen sind." Und Elisa betete: „Herr, öffne doch seine Augen, dass er sieht!" Dann öffnete der Herr die Augen des Dieners, und er schaute und sah um Elisa herum die Berge voller Pferde und feuriger Streitwagen (2 Kön 6,15-17).

(Anmerkung des Autors: Dieser Abschnitt der Bibel ist reich an Beispielen, weshalb er in diesem Buch mehrmals herangezogen wird.)

Die Absicht dieses Buches ist es, eine Grundlage für den Leib Christi zu legen, um das zu erleben, was der namenlose Diener erlebte. Ich bete, dass der Herr buchstäblich Ihre geistlichen Augen öffnet, damit Sie in den unsichtbaren Raum hineinsehen können.

Aktivierung

Eine Aktivierungsübung am Ende eines jeden Kapitels soll Sie dabei unterstützen, das Wissen, das Sie soeben erlangt haben, in die Praxis umzusetzen und Ihre geistlichen Muskeln zu dehnen. Sie soll Sie außerdem darauf vorbereiten, in der Salbung, im Geist zu sehen und die Geister zu unterscheiden, zu wandeln. Die Wahrheiten in diesem Buch sind tief und werden Sie herausfordern. Um das Meiste aus diesem Buch herauszuholen, empfehle ich Ihnen sehr, dass Sie am Ende eines jeden Kapitels innehalten, Ihr Lesezeichen einlegen und die Aktivierungsübung praktizieren. Sie werden sich die Inhalte am besten aneignen, wenn Sie meinen Rat diesbezüglich befolgen. Vor allem aber wünsche ich Ihnen viel Vergnügen und Spaß dabei, zu wachsen!

TEIL I

Säulen

KAPITEL 1

Der Mantel aus Feuer und Wasser

Wo alles begann

Wie würden Sie sich fühlen, wenn ein namhafter Prophet in einem Gottesdienst aufstehen und prophezeien würde, Sie würden anfangen, Dinge im Geist zu sehen, Sie hätten die Gabe der Unterscheidung der Geister und Gott wolle Sie sogar lehren, ein „Seher" zu sein? Wie es vielen von Ihnen wahrscheinlich auch gehen würde, war ich begeistert, verwirrt und kurz davor, auszuflippen. Um Ihnen ein wenig Klärung zu verschaffen, habe ich die Prophetie im exakten Wortlaut beigefügt, die ich von dem Propheten Dennis Cramer erhielt:

7. März 2002

„Du bist ein junger Mann mit einem enormen Ruf auf seinem Leben, ein sehr, sehr starker Ruf ... Du hattest kürzlich erste Anzeichen von einem prophetischen Dienst. Du hattest das Gefühl, du würdest deinen Verstand verlieren. Du dachtest: *Herr, mein Kopf spielt verrückt. Was ist mit meinem Verstand nicht in Ordnung?* Du bist auch ein Mann, der anfangen wird, die geistliche Welt wahrzunehmen und die Geister zu unterscheiden, mehr als du es je gewollt hast. Jonathan, der Herr hat mir gesagt, ich soll dir sagen, dass du nicht deinen Verstand verlierst; es ist ganz einfach so, dass du damit begonnen hast, zu sehen, was in der geistlichen Welt vor sich geht. Es gibt eine gute prophetische Berufung auf deinem Leben ... Aber auch, wie ich schon gesagt habe, besonders im Bereich der Unterscheidung der Geister."

9. März 2002

„Jonathan, in deinem Leben entwickelt sich der Bereich des Sehens sehr stark. Du fühlst dich dabei unwohl, weil du nicht weißt, was du siehst. Es hat dir schon einige Sorgen bereitet. Du fühltest dich schon ein bisschen abgelehnt. Aber der Herr sagt, alles, was er tut, ist, dich in deiner spezifischen Gabe und Dimension, ein Seher zu sein, auszubilden. Du wirst eine einzigartige Gabe des Sehens haben. Der Herr sagt: Halte deinen Mund einfach geschlossen; sprich nicht zu viel über das, was du siehst, weil du dich noch im Anfangsstadium befindest, es zu verstehen. Der Herr sagt also, dass in den kommenden Jahren sich in deinem Leben eine starke Dimension des Sehens entwickeln wird."

Die Gabe wird aktiviert

Von dem Tag an, als ich das erste Wort erhielt, fing ich an, Dinge im Geist um mich herum zu sehen. Nie zuvor war diese Gabe in mir aktiviert worden, und so war ich wirklich erschrocken über diese neue Erfahrung. Ich fing an, Farben im Geist zu sehen, Worte zeichneten sich über physischen Dingen vor mir ab, Körperteile erschienen willkürlich, Feuer oder Wasser lagerte sich auf Dingen, Orten oder Menschen. Gelegentlich sah ich sogar Engel oder Dämonen. **Am Anfang war ich überrascht und sogar verwirrt.** Ich musste wachsen, lernen und Verständnis über das erlangen, was geschah. Sogar jetzt, während ich die zweite Prophetie von Dennis Cramer noch einmal lese, erkenne ich so viel Weisheit in seiner Aussage: *„Der Herr sagt: Halte deinen Mund einfach geschlossen; sprich nicht zu viel über das, was du siehst, weil du dich noch im Anfangsstadium befindest, es zu verstehen."*

Ich war wirklich verblüfft über diese neue Gabe, insbesondere deshalb, weil ich zu jener Zeit niemanden hatte, der mir in diesen Dingen als Mentor zur Seite stand. Es gibt herzlich wenige im Leib Christi, die bereit sind, ihre Erfahrungen mitzuteilen. Der Herr musste mich persönlich über die Dinge lehren, die er mir zeigte.

Den Schalter umlegen

Ungefähr ein Monat nachdem Dennis Cramer über mir prophezeit hatte, ließ die Häufigkeit der Visionen langsam nach. Auch das verwirrte mich. Ich dachte: *Habe ich vielleicht irgendeine Sünde begangen, die nun meine Fähigkeit zu sehen behindert? Habe ich irgendetwas verkehrt gemacht? Was geschieht mit meiner Gabe?*

Der Heilige Geist zeigte mir, dass er mir in den vorangegangenen Monaten auf souveräne Weise das Potenzial meiner Seherbegabung demonstriert hatte. Jetzt wollte der Herr mich lehren, meine Begabung zu aktivieren. Im Geist sah ich einen großen Schalter, der einem typischen Lichtschalter an der Wand glich. Auf dem Schalter standen die Worte „ein" und „aus", und dann hörte ich in meinem Geist die Bedeutung. In den ersten Monaten hatte der Heilige Geist meinen Schalter auf „ein" gestellt, damit ich in die geistliche Welt um mich herum sehen könnte. Nun stellte er meinen Schalter auf „aus", sodass alles wieder völlig normal war. Der Heilige Geist sagte mir, er wolle mich lehren, den Schalter selbst umzulegen.

Wir betätigen den Schalter durch Glauben

Bei allen Gaben des Heiligen Geistes haben wir unseren Teil beizutragen, sie zu aktivieren. Manchmal wird sich der Heilige Geist souverän bewegen und jemanden heilen, aber in den meisten Fällen müssen wir unseren Glauben aktivieren. In den Evangelien sehen wir oftmals, wie Jesus Menschen dazu auffordert, aktiv zu werden: Sie sollen sich dem Priester zeigen, den Schlamm aus den Augen wischen oder ihr Bett nehmen und gehen. Dies alles waren

Glaubenshandlungen, und wenn sie vollzogen wurden, wurde die Gabe der Heilung freigesetzt.

Wenn der Heilige Geist mich auffordert, ein prophetisches Wort weiterzugeben, dann muss ich aktiv mit ihm zusammenzuarbeiten und das Wort weitergeben. Wenn Sie Glauben aktivieren, dann treten Sie in die Dimension der Dinge des Reiches Gottes ein: Heilung, Prophetie, Wunder, Geisterunterscheidung und so weiter. Der Herr führte mich ein Stück weiter: Bisher hatte ich mich nur auf souveräne Erfahrungen verlassen; nun sollte ich meinen Glauben aktivieren: dass die Gabe der Unterscheidung der Geister funktionierte (vgl. Joh 5,8; Mk 2,9; Joh 9,11; Lk 17,11-19).

In meiner Erfahrung

Aus meiner eigenen Erfahrung heraus kann ich Ihnen sagen: Wenn Gott das erste Mal Ihre geistlichen Augen öffnet, wie er meine geöffnet hat, kann das sehr beängstigend, sogar erschreckend sein. Als es begann, erwartete ich nicht, in die geistliche Welt zu sehen. Ich war nicht gegen solche Erfahrungen, sie waren mir nur nicht bewusst.

Es kam häufig vor, dass ich einen anderen Gläubigen ansah und hinter ihm ein hell leuchtendes Licht wahrnahm. Bei Nichtgläubigen sah ich dagegen oft etwas Dunkles oder eine Wolke der Bedrückung. Ich sah große dämonische Wesen, die auf oder über bestimmten Gebäuden schwebten. Ich sah große Kriegerengel, die um bestimmte Gebäude und Kirchen herum Wache standen. Es gab Zeiten, zu denen ich Engel während der Anbetung in der Gemeinde unter uns tanzen sehen konnte. Manchmal kam es vor, dass die Anbetungszeit durch einen Sprecher abgebrochen wurde, der nicht der Leitung des Heiligen Geistes folgte; dann sah ich die Engel mit sehr traurigen Gesichtszügen. Es hatte den Anschein, als würden sie weinen, weil sie wussten, was wir verpassten, dadurch, dass die Anbetungszeit abgekürzt worden war. Ich sah Engel, wie sie seltsam aussehende innere Organe hereintrugen, die sie in Menschen einsetzten, welche dann später Zeugnis gaben, dass sie geheilt worden seien. Solche Erfahrungen empfand ich als überwältigend, und ich möchte klarstellen, dass ich keine Bücher gelesen hatte, die mich in dem allen ermutigt oder in irgendeiner Weise geleitet hätten.

Brasilien

Sechs Monate nachdem Dennis Cramer in mein Leben prophezeit hatte und fünf Monate nachdem Gott angefangen hatte, mich über die Aktivierung meiner Gabe zu lehren, führte mich der Herr auf die nächste Stufe des Trainings.

Ich ergriff eine Gelegenheit, einen Monat in Brasilien als Praktikant für den Evangelisten Randy Clark zu arbeiten. In dieser Zeit traf ich zwei Seher, die mich sehr in meiner Begabung ermutigten. Der erste war Pastor Gary Oates. Er war im vorherigen Frühling zusammen mit Randy gereist und hatte dabei selbst eine starke Begegnung mit Gott erlebte wodurch seine geistlichen Augen aktiviert worden waren.[1]

Seine Geschichte und Erlebnisse gleichen meinen eigenen, insbesondere in der Hinsicht, dass keiner von uns nach Fähigkeit, geistlich zu sehen, trachtete; vielmehr war es so, dass sich Gott entschloss, es uns zu geben. Er ist ein hervorragendes Beispiel für das moderne Sehertum. Auf souveräne Weise öffnete Gott Garys Augen in einer Begegnung, in der er ein außerkörperliches Erlebnis hatte und der Herr ihn mit in den Himmel nahm. Er schreibt darüber in seinem Buch *Öffne mir die Augen, Herr*.

Der zweite Mensch, den ich traf, war einer der führenden Lobpreisleiter in Brasilien. Der Herr hat ihn mit einer sehr starken Fähigkeit gesegnet, in die geistliche Welt zu sehen. Als wir uns begegneten, bat ich ihn, mir die Hände aufzulegen und um eine Zunahme meiner Begabung zu beten. Er hatte es zwar eilig, den Anbetungsgottesdienst zu beginnen, doch nahm er sich ein paar Minuten, um für mich zu beten, bevor er die Anbetung leitete. Das Folgende passierte mir dann an diesem Abend:

---

[1] Gary Oates, *Öffne mir die Augen, Herr*, GloryWorld-Medien 2011.

Eine ganz neue Dimension

Für gewöhnlich reagiere ich nicht körperlich auf den Heiligen Geist, nicht, weil ich unwillig wäre, sondern weil ich auf dem Boden rollen, umfallen, lachen oder andere Manifestationen, die Menschen als Reaktion auf den Heiligen Geist haben, nicht so leicht erlebe. Das über mich zu wissen, wird Ihnen helfen zu begreifen, wie gewaltig das nachfolgende Erlebnis für mich war.

Als die Anbetung begann, sah ich zwei Engel auf der Bühne stehen. Diese sahen anders aus als alles, was ich jemals gesehen hatte. Sie waren etwa viereinhalb Meter groß und es kam Feuer aus ihnen heraus – fast zwei Meter weit in jede Richtung. Ich stand mit Randy in der ersten Reihe, war also der Bühne näher als der Rest der Leute, als der Engel, der am nächsten war, auf mich zukam. Ich wollte mich umdrehen und weglaufen oder ihm aus dem Weg gehen, doch war ich unfähig, mich zu bewegen.

Er kam direkt auf mich zu und streckte seine Hand aus. Als er meine Brust berührte, brach ich auf dem Boden zusammen und lag auf der Seite in Embryonalstellung. Das geistliche Feuer seiner Berührung verweilte auf mir, was eine kleine Schweißpfütze auf dem Zementfußboden zur Folge hatte. In diesem Moment fing ich an, klarer im Geist zu sehen als jemals zuvor.

In dem Gebäude war etwa für 6000 Leute Platz. Die Stuhlreihen waren in sechs Bereiche unterteilt. Über jedem Bereich sah ich je einen weiteren Feuerengel. Jeder von diesen hatte etwa die Größe eines Menschen; ihr Feuer strahlte nur etwa 15 Zentimeter aus. Als die Anbetung stärker wurde, sah ich mehr von diesen kleineren Engeln durch die Decke kommen und sich der Menge der Anbeter anschließen. Die Anbetung wurde dann so intensiv und es kamen so viele Engel dazu, dass die Menschenmenge schließlich wie eine brennende Rasenfläche aussah – ein extrem wildes Anbetungsfeuer.

Dann sah ich eine dunkle Wolke über der Menge. Blitze zuckten in ihr. Daraufhin hörte ich zwei Worte in meinem Geist: „neuer Mantel". Randy Clark, der wusste, dass ich im Geist sehen konnte, kam herüber und fragte, was ich gerade sah. Ich teilte ihm all das mit, was ich hier gerade berichtet habe. Dann bat ich ihn, er solle mich flach auf den Rücken legen, weil ich mich in einer unbeholfenen und unbequemen Position befand. Das tat er, aber ich stellte fest, dass ich unterhalb des Halses noch nicht die Kontrolle über meinen Körper wiedererlangt hatte.

Während ich wie am Boden festklebte, schaute ich auf meinen Körper und sah drei Engel auf mir sitzen. Es saß jeweils ein Engel auf meinen Beinen und sie hielten mich mit ihren Händen am Boden. Ein dritter Engel saß neben mir und presste mich mit seiner rechten Hand im Brustbereich zu Boden. Gleichzeitig konnte ich sehen, dass die viereinhalb Meter großen Feuerengel noch auf der Bühne standen und alles mit ansahen.

Plötzlich spürte ich, dass ein Schwall Wasser auf meine Brust geschüttet wurde, als würde jemand eine Flasche Wasser über mir ausgießen. Ich schaute umher, konnte aber nicht herausfinden, wer das getan haben könnte. Ein paar Minuten später geschah dasselbe noch zwei Mal. Es fühlte sich so real an, dass es mich tatsächlich ärgerte. Erst später konnte ich verstehen, was dies zu bedeuten hatte.

Schließlich war die Anbetungszeit zu Ende, und mit etwas Hilfe war ich in der Lage wieder zu meinem Platz zurückzukehren. Später fand ich einen Dolmetscher und konnte mit dem Lobpreisleiter sprechen. Ich fragte ihn, was er an diesem Abend gesehen hatte, und mit seinen eigenen Worten beschrieb er genau das, was ich gesehen hatte. Er fügte noch hinzu, dass der große Feuerengel, der mich zu Beginn berührt hatte, zu ihm gesagt habe, dass er von der Bühne heruntersteigen werde, um mir zu dienen. Er hatte auch gesehen, wie die drei Engel einen Mantel über mich legten. Oberhalb des Mantels waren Flammen hervorgekommen und unterhalb Wasser herausgeflossen, weshalb ich Wasser auf meiner Brust spüren konnte und in meinem Geist die Worte „neuer Mantel" hörte. Irritiert war ich über das Auftreten der dunklen Wolken in der Versammlung, aber dann zeigte mir der Herr in seinem Wort, dass er mit seiner Gegenwart in Form einer dunklen Wolke kommen kann.

> *... Der Berg aber brannte im Feuer bis ins Herz des Himmels, und da war Finsternis, Gewölk und Dunkel* (5 Mose 4,11).
>
> *Er machte Finsternis zu seiner Hülle, dunkle Wasser, dichte Wolken zu seinem Zelt um sich her. Aus dem Glanz vor ihm gingen seine Wolken über von Hagel und Feuersglut* (Ps 18,12-13 SLT).
>
> *Gewölk und Dunkel sind um ihn her. Gerechtigkeit und Recht sind die Grundfeste seines Thrones. Feuer geht vor ihm her und verzehrt seine Bedränger ringsum. Seine Blitze erleuchten die Welt. Die Erde sah es und bebte* (Ps 97,2-4).

Seit jenen Erfahrungen in Brasilien habe ich diesen neuen Mantel in meinem Leben empfangen. Seither kann ich besser sehen und verstehen, was im Geist geschieht. Diese Erfahrungen waren die Grundlage dafür, dass der Herr mich in meine Berufung hineingeführt hat, andere über die geistliche Welt zu lehren.

Aktivierung

Der Herr brachte mir bei, meinen Glauben zu aktivieren und „meinen Schalter umzulegen". In dieser Aktivierung leite ich Sie an, Ihr Herz darauf vorzubereiten, dass der Herr Ihnen beibringen kann, wie man seinen geistlichen Schalter umlegen kann. Als Symbol der Aktivierung Ihres Glaubens empfehle ich Ihnen, sich selbst mit Öl zu salben. Gehen Sie an Ihren Schrank oder in Ihre Vorratskammer und nehmen Sie etwas Olivenöl oder anderes verträgliches Speiseöl heraus. Betupfen Sie sich an der Stirn oder woanders am Körper mit ein wenig Öl. Während Sie dies tun, sprechen Sie folgendes Gebet mit Ihren eigenen Worten:

> *Herr, ich empfange deine Salbung. Ich sehne mich danach, in meinem Wandel mit dir zu wachsen. Ich öffne mein Herz, dass du mehr in mir und durch mich wirken kannst. Es ist mein Verlangen, dass ich die Berufung auf meinem Leben erfülle. Ich bitte dich, dass deine Salbung jetzt auf mich herabfließt* (vgl. Psalm 133).

Kapitel 2

Geistliche Sinne

Da die Gabe der Unterscheidung der Geister eine der eher rätselhaften Gaben ist, lassen Sie mich vorweg mein Begriffsverständnis in Bezug auf das Sehen im Geist darlegen. Kein gläubiger Mensch hat die „Gabe, im Geist zu sehen", denn so etwas gibt es nicht. Die eigentliche Gabe, die in dem Moment wirksam ist, wenn jemand sagt, dass er oder sie im Geist sieht, ist die Gabe der Unterscheidung der Geister.

Die Unterscheidung der Geister ist eine echte Gabe des Heiligen Geistes, die in 1. Korinther 12 zu finden ist. Der Schwerpunkt dieses Buches ist das Sehen im Geist, was nur eine Art ist, wie diese Gabe der Unterscheidung der Geister funktioniert. Seher sind auf einem hohen Niveau dieser Gabe wirksam, meist indem sie geistlich sehen können. Später werde ich weiter auf die Rolle von Sehern in der Gemeinde eingehen.

Unterscheidung der Geister

Die Gabe der Unterscheidung der Geister ist eine kommunikative Gabe, durch welche uns der Heilige Geist die geistliche Atmosphäre und Umgebung um uns herum bewusstmacht. Hauptsächlich geschieht dies durch unsere fünf natürlichen Sinne, die Gott in jeden von uns bei der Schöpfung hineingelegt hat. Um in der Unterscheidung der Geister wirksam sein zu können, müssen wir unsere geistlichen Sinne verstehen. Die meisten Menschen erkennen lediglich ihre fünf physischen Sinne. Doch in Wahrheit haben wir drei Kategorien mit je fünf Sinnen.

Die Wissenschaft hat herausgefunden, dass der menschliche Körper fünf Sinne hat, die es uns ermöglichen, mit der Umwelt in Beziehung zu treten: Geschmack, Berührung, Geruch, Sehen und Hören. Zusätzlich zu Ihren fünf körperlichen Sinnen hat jeder Mensch fünf Sinne in seiner Seele und fünf Sinne in seinem Geist.

> *Er selbst aber, der Gott des Friedens, heilige euch durch und durch, und euer ganzes [Wesen], der Geist, die Seele und der Leib, möge untadelig bewahrt werden bei der Wiederkunft unseres Herrn Jesus Christus* (1 Thess 5,23 SLT).

In der Schrift finden wir hunderte Verse, die deutlich hervorheben, dass wir ein dreiteiliges Wesen sind, bestehend aus einem Geist, einer Seele und einem Leib.

Sinne der Seele

Unsere Erfahrungen und unsere Kultur bestimmen, wie unsere Seele auf Geschmack, Berührung, Geruch, Schall und Bilder individuell reagiert. Zum Beispiel bringen *Gerüche* Erinnerungen zurück. Wenn ich einer Person Blumen schenke, mag das schöne Erinnerungen an Blumen auf einer Hochzeit auslösen. Aber wenn ich dieselben Blumen einer anderen Person schenke, ruft es vielleicht schlechte Erinnerungen an eine Beerdigung hervor. In diesem Fall ist das keine körperliche Reaktion auf die Blumen oder ihren Duft, sondern eine Reaktion der jeweiligen Seele.

Wenn zwei Menschen zusammen spazieren gehen und sie dabei einem Hund begegnen, kann es sein, dass der eine Hunde mag und anfängt ihn zu streicheln, während der andere Angst vor Hunden haben und sich in der Situation unwohl fühlen kann. Auch dies ist eine Reaktion der verschiedenen seelischen Sinne. Die Art und Weise, wie wir die Welt *sehen* und andere Menschen *hören*, wird durch die Verfassung unserer Seele beeinflusst. Genauso ist es mit dem *Berühren* von gewissen Dingen. Für manche ist es einfach, eine Schlange anzufassen, für andere dagegen sehr furchterregend – je nach ihrer seelischen Verfassung. Sogar der *Geschmack* von manchen Lebensmitteln kann die unterschiedlichsten Reaktionen bei verschiedenen Menschen hervorbringen.

Die menschliche Seele hat genauso Sinne wie der menschliche Körper. Jede Kategorie von Sinnen hat eine Dimension, zu der sie in Beziehung steht. Die körperlichen Sinne interagieren mit der physischen Dimension, die seelischen Sinne mit der zwischenmenschlichen Dimension und die Sinne des Geistes sind in der geistlichen Dimension wirksam.

Obwohl es hunderte Bücher gibt, die dabei behilflich sind, die Seele und den Körper zu entwickeln, konzentriert sich dieses Buch darauf, die geistlichen Sinne zu entwickeln und mit ihnen zu arbeiten.

Geistliche Sinne

Der Autor und Lehrer Harold Eberle liefert uns wichtige Erkenntnisse, was die geistlichen Sinne angeht:

> Genauso wie wir fünf Sinne haben, die uns mit Informationen über die physische Welt versorgen, haben wir auch Sinne, die uns mit der geistlichen Welt in Berührung bringen. Die geistlichen Sinne sind genauso wichtig wie die physischen. Leider haben die meisten von uns ihre geistlichen Sinne gar nicht entwickelt.
>
> Viele Christen glauben noch nicht einmal, dass sie geistliche Sinne haben. Gerne frage ich sie dann: „Hat der Teufel Sie jemals versucht?" Natürlich antworten sie mit ja. Dann erwidere ich meist: „Nun gut, wie haben Sie denn den Teufel gehört? Sie könnten ihn nicht hören, wenn Sie keine geistlichen Ohren hätten." Bedauerlicherweise glauben viele Menschen eher daran, dass der Teufel zu ihnen spricht, als dass Gott zu ihnen sprechen würde. Die Bibel stellt aber klar, dass wir alle geistliche Augen und Ohren haben.

Als Elisa für seinen Diener betete, bat er Gott nicht, ihm Augen zu geben, sondern er bat Gott, seine Augen zu öffnen (vgl. 2 Kön 6,17). In Epheser 1,18 betete Paulus nicht, dass die Heiligen Augen bekommen, sondern dass Gott die Augen ihres Herzens öffnen möge. Wir haben bereits geistliche Augen und Ohren. Was uns fehlt, ist, dass sie geöffnet werden und dass wir sensibel werden.[1]

Es ist einfach eine Tatsache, dass wir in unserem Geist Sinne haben, durch die wir mit der geistlichen Welt in Beziehung treten können. Wenn die Gabe der Unterscheidung der Geister wirksam ist, geschieht die Kommunikation durch genau diese geistlichen Sinne.

Bei der menschlichen Kommunikation sind die beiden hauptsächlichen Sinne, die wir für die Informationsvermittlung gebrauchen, der Seh- und der Hörsinn. **Kommunikation wird im Natürlichen durch Hören aufgenommen, darüber hinaus durch Körpersprache und Gesichtsausdruck.** Gott kommuniziert auch über die anderen drei Sinne (Schmecken, Tasten und Riechen), aber meistens nutzt er unser Seh- und Hörvermögen, um sich mitzuteilen. Da die geistlichen Sinne für das Schmecken, Riechen und Tasten am wenigsten verstanden werden, zeigen die folgenden Beispiele, wie Gott bei manchen Gelegenheiten durch ebendiese zu uns spricht.

Geschmack

Und er sprach zu mir: Menschensohn, was du findest, iss! Iss diese Rolle, und geh hin, rede zum Haus Israel! Und ich öffnete meinen Mund, und er gab mir diese Rolle zu essen. Und er sprach zu mir: Menschensohn, deinem Bauch gib zu essen, und deinen Leib fülle mit dieser Rolle, die ich dir gebe! Und ich aß sie, und sie war in meinem Munde süß wie Honig (Hes 3,1-3).

Wenn wir plötzlich etwas Süßes, Saures oder Salziges schmecken, aber dieser Geschmack nicht das Ergebnis von etwas ist, was wir

---

[1] Harold Eberle, Partnerschaft-Newsletter (Yakima, WA: Worldcast Ministries, Mai 2008).

physisch gegessen oder getrunken haben, sollten wir den Herrn fragen, ob er versucht, dadurch zu uns zu sprechen. Gelegentlich hat Gott im Alten Testament zu seinen Propheten durch Erfahrungen mit dem geistlichen Geschmackssinn gesprochen.

Geruch

> *Gott aber sei Dank, der uns allezeit im Triumphzug umherführt in Christus und den Geruch seiner Erkenntnis an jedem Ort durch uns offenbart* (2 Kor 2,14).

Im Frühjahr 2005 half ich Randy Clark und Leif Hetland an einem ihrer Büchertische in Nashville (Tennessee) aus, als plötzlich ein großer Engel am Ende des Tisches neben Leifs Büchern erschien und ein wenig Aufruhr unter den Leuten auslöste. So weit ich wusste, war niemand anderes in der Lage, das zu sehen, was ich sah, aber sie konnten die Veränderung riechen. Ich sah, wie der Engel kleine Fläschchen mit himmlischen Düften hervorholte, die alle einzigartig waren. Er zog sie aus seinem Gürtel und versprühte sie dann in der Luft. Zuerst konnte man den Duft von reinem Zimt wahrnehmen. Zwei Minuten später dann trat ein neuer Duft hervor. Ein Duft war so verschieden vom nächsten, wie er nur sein konnte: der Zimtduft wurde von Wildblumenduft, dann von Babyölduft bis hin zu verschiedenen Gewürzen abgelöst. Ungefähr zwölf verschiedene Düfte lösten einander ab, bis nach 30 Minuten schließlich um die 30 Menschen auf ihren Zehenspitzen standen, die Luft rochen und an der Erfahrung teilhatten.

Berührung

> *Auf dem Weg dorthin wurde Jesus von der Menge, die sich um ihn drängte, fast erdrückt. Unter den Leuten war auch eine Frau, die seit zwölf Jahren an schweren Blutungen litt. Alles, was sie besaß, hatte sie für die Ärzte ausgegeben, doch niemand hatte sie heilen können. Diese Frau drängte sich von hinten an Jesus heran und berührte den Saum seines Gewandes. Im selben Augenblick hörten die Blutungen auf. „Wer hat mich berührt?", fragte Jesus. Alle beteuerten, sie seien es nicht gewesen, und Petrus meinte: „Meister, die Leute drängen sich ja von allen*

> *Seiten um dich herum!" Doch Jesus beharrte darauf: „Irgendjemand hat mich berührt; ich habe gespürt, dass eine Kraft von mir ausgegangen ist."* (Lukas 8,42b-46 NGÜ).

Diese Geschichte ist ein großartiges Beispiel für den Unterschied zwischen einer physischen und einer geistlichen Berührung. Jesus wurde körperlich fast erdrückt, aber als sich jemand nach ihm ausstreckte und Heilungskraft „aus seinem Geist herauszog", rief er aus, jemand habe ihn berührt – im geistlichen Sinne natürlich.

Mein Freund Benjamin Valence und ich hatten vor einigen Jahren eine gemeinsame geistliche Erfahrung. Ben hat diese Erfahrung aus dem Gedächtnis mit eigenen Worten niedergeschrieben (achten Sie darauf, wie die beiden Sinne Berührung und Geruch wirksam werden).

> Ich erinnere mich daran, als sei es gestern gewesen. Jonathan und ich saßen in seiner Küche und unterhielten uns über einige geistliche Dinge, als wir diese plötzlich selber erlebten. Während wir über Engel und die unsichtbare Welt sprachen, wies Jonathan mich auf einmal darauf hin, dass irgendetwas (im Geist) vor mir auf dem Tisch lag und ich meine Hände ausstrecken sollte, um es zu ertasten. Auf die meisten mag dies ziemlich eigenartig wirken, aber wir beide hatten schon seit einiger Zeit Erfahrungen mit der Gabe der Geisterunterscheidung gemacht, so habe ich kein bisschen gezögert. **Ich habe meine Hände ausgestreckt und begann zu fühlen, was sich dort befand;** ich konnte etwas ertasten, was sich wie eine große Schale anfühlte. Diese fühlte sich genauso real an wie eine Schale im natürlichen Bereich. Als ich Jonathan mitteilte, was ich wahrnahm, bestätigte er dies, da er im Geist sah, was ich berührte. Dann fragte er mich, was ich noch fühlte, und ermutigte mich dabei, noch etwas tiefer hineinzufassen. Während ich die Schale weiter abtastete und Jonathans Bitte folgte, tiefer in sie hineinzufassen, konnte ich buchstäblich eine heiße Flüssigkeit auf meiner Hand spüren. Nachdem ich merkte, dass ich mit meinen Händen Hitze spüren konnte, die von der Schale ausging, versuchte ich mein Gesicht über sie zu halten. In dem Moment wurde mein Gesicht

heiß und ich fing an zu schwitzen. Es war unglaublich. Nachdem ich eine Weile mit der Schale gespielt hatte, sagte mir Jonathan, dass es Öl sei, und bat mich, es über meinen Kopf zu gießen. In dem Moment, als ich die Schale nahm und anfing, sie über meinem Kopf auszuschütten, schauten Jonathan und ich einander an, und, als wenn wir die Worte des jeweils anderen nachsprechen, sagten wir: „Hast du das gerochen?" Im selben Moment konnten wir beide denselben Duft des Öls riechen, wie er den Raum erfüllte. Ich war außer mir vor Aufregung, während ich die Schale hob und über meinem Kopf ausgoss. Ich konnte tatsächlich spüren, wie das Öl über meinen Kopf herunterfloss und Hitze davon ausging. Nie werde ich das Gefühl vergessen, wie das Öl an mir herunterströmte und sich so anfühlte, als verzehrte es meine Sinne. Ich spürte den Frieden, die Freude und die Liebe des Vaters über mich hinwegströmen. Diesen Tag werde ich nie vergessen.

Richte dein Augenmerk auf den Herrn

Als ich damit anfing, das weiterzugeben, was ich sehen konnte, wurden Menschen hungrig danach, ähnliche Erfahrungen zu machen, und stellten mir Fragen, wie auch sie anfangen könnten zu sehen. Da Gott mir diese Gabe auf souveräne Weise geschenkt hatte, ohne dass ich sie mir ausgesucht hätte, wusste ich nicht, was ich ihnen sagen sollte, bis ich einen Schlüssel in Matthäus 5,8 fand.

Ich verstand etwas von der Übertragung geistlicher Gaben durch Handauflegung. Deshalb betete ich für jeden, der daran interessiert war, doch sah ich nur einen Bruchteil der Menschen tatsächlich diese Begabung empfangen. (In einem späteren Kapitel werde ich genauer auf dieses Thema eingehen.) In den letzten Jahren hat mich der Herr einige Prinzipien gelehrt, die die Tür dafür geöffnet haben, dass noch mehr Menschen ihren Glauben für die Gabe der Unterscheidung der Geister aktivieren konnten. Das erste Prinzip, worüber ich sprechen möchte und das mir der

Herr als Erstes zeigte, ist jenes von Matthäus 5,8: *„Glückselig, die reinen Herzens sind, denn sie werden Gott schauen."*

Wie rein muss ein Mensch sein, um Gott sehen zu können? Ich glaube, dass die Antwort darin verborgen liegt, die richtige Frage zu stellen: „Was ist mit Reinheit gemeint?" Der Großteil der Gläubigen hält den Begriff *rein* für einen moralischen Standard, der unerreichbar ist. Jesus sprach über Reinheit als Schlüssel dazu, Gott sehen zu können, und ich glaube, er hat uns dies mitgeteilt, weil er sie als erreichbares Ziel ansieht.

Um die Bedeutung von *rein* zu veranschaulichen, lassen Sie uns Gold als Beispiel nehmen. Wenn Gold wirklich geläutert wurde, ist es von allen anderen Bestandteilen befreit worden. Dieser Prozess bewirkt, dass die ganze Schlacke und alle Unreinheiten an die Oberfläche kommen müssen, damit sie abgeschöpft werden können. Das Endprodukt dieses Prozesses ist, dass Gold als einziges Element übrig bleibt. Unsere Herzen sind manchmal mit der Schlacke des Lebens angefüllt und wir müssen zuerst all die Ablenkungen aus dem Weg räumen, damit wir unser ganzes Herz auf Gott ausrichten können. Damit wir ein „reines" Herz haben können, muss unser Herz entsprechend ausgerichtet sein. Wenn wir „Gott schauen" wollen, muss unser Herz unbedingt auf Gott ausgerichtet sein.

Wenn wir unser Herz auf Gott ausrichten, sind wir darauf vorbereitet, Gott zu sehen. Der Vers wird deutlicher, wenn wir ihn folgendermaßen lesen: „Glückselig sind die, deren Herz auf Gott ausgerichtet ist, denn sie werden wirklich Gott schauen."

Glauben und der leere Stuhl

Die folgende ist eine meiner Lieblingsgeschichten. Sie ist eine großartige Veranschaulichung davon, was es bedeutet, sein Herz auf Jesus auszurichten und dabei die Augen seiner Vorstellungskraft zu benutzen.

Die Tochter eines Mannes hatte einen Pastor vor Ort gebeten, vorbeizukommen, um mit ihrem Vater zu beten. Als der Pastor bei dem Mann eintraf, lag dieser in seinem Bett und zwei Kopfkissen stützten seinen Kopf. Neben seinem Bett stand ein leerer Stuhl. Der Pastor vermutete, dass der alte Mann von seinem bevorstehenden Besuch informiert worden sei. „Ich nehme an, dass Sie mich bereits erwartet haben", sagte er. „Nein, wer sind Sie?", fragte der Vater. „Ich bin der neue Pastor in Ihrer Gemeinde", antwortete er. „Als ich den leeren Stuhl sah, nahm ich an, dass Sie wüssten, dass ich käme."

„Ach ja, der Stuhl", sagte der bettlägerige Mann. „Wären Sie so freundlich, die Tür zu schließen?" Verdutzt schloss der Pastor die Tür. „Was ich Ihnen jetzt mitteile, habe ich vorher noch niemandem mitgeteilt, noch nicht einmal meiner Tochter", sagte der Mann. „Mein ganzes Leben hatte ich keine Ahnung, wie ich beten könnte. In der Gemeinde war ich es gewohnt, den Prediger über Gebet sprechen zu hören, aber seine Worte habe ich nicht kapiert."

„Ich habe jeden Versuch zu beten aufgegeben", fuhr der alte Mann fort, „bis eines Tages vor vier Jahren mein bester Freund zu mir sagte: ‚Joe, Gebet bedeutet einfach nur, dass du dich mit Jesus unterhältst. Deshalb schlage ich dir Folgendes vor. Setze dich auf einen Stuhl, stelle einen leeren Stuhl vor dich hin, und im Glauben stelle dir vor, dass Jesus auf diesem Stuhl vor dir sitzt. **Es ist nicht unheimlich, weil er versprochen hat: *Ich bin bei euch alle Tage.*** Dann sprich einfach mit ihm und höre ihm auf dieselbe Weise zu, wie du mir jetzt zuhörst.'"

„Also habe ich es ausprobiert und es hat mir so sehr gefallen, dass ich es nun jeden Tag ein paar Stunden tue. Dennoch bin ich vorsichtig. Wenn meine Tochter bemerken würde, dass ich mit einem leeren Stuhl rede, bekäme sie entweder einen Nervenzusammenbruch oder würde mich in die Klapsmühle schicken."

Der Pastor war von der Geschichte sehr bewegt und ermutigte den alten Mann, damit weiterzumachen. Dann betete er mit ihm und fuhr anschließend wieder zurück. Zwei Abende später rief die Tochter an, um dem Pastor mitzuteilen, dass ihr Vater am Nachmittag gestorben sei. „Starb er in Frieden?", fragte er.

„Ja, als ich das Haus um ungefähr 14 Uhr verließ, rief er mich zu sich ans Bett, sagte mir, dass er mich liebe, und küsste mich auf die Wange. Als ich eine Stunde später vom Einkaufen wiederkam, war er gestorben. Aber etwas war eigenartig an seinem Tod. Anscheinend hat mein Vater, kurz bevor er starb, seinen Oberkörper zu dem Stuhl neben dem Bett hinübergebeugt und seinen Kopf auf den Stuhl gelegt. Was hat das wohl zu bedeuten?" Der Pastor wischte sich eine Träne aus dem Auge und sagte: „Ich wünschte, wir alle könnten die Welt auf diese Weise verlassen."

Aktivierung I

Bei dieser ersten Übung werden wir mit Jesus sprechen, und zwar genau so wie dieser alte Mann in der Geschichte es gemacht hat. Als Erstes legen Sie ein Lesezeichen in das Buch und legen es zur Seite. Dann schließen Sie die Augen und stellen sich Jesus bildlich vor.

Nun beginnen Sie ein Gespräch mit ihm. Wenn Ihnen nichts einfällt, was Sie sagen könnten, können Sie damit beginnen, ihm für Dinge zu danken, die er in Ihrem Leben getan hat, zum Beispiel für Ihre Errettung, körperliche Heilung, emotionale Freiheit, die Taufe im Heiligen Geist, finanziellen Segen, Versöhnung mit anderen, göttliche Gunst, Befreiung und die Frucht und Gaben des Geistes. Vergessen Sie nicht, sich Zeit zu nehmen, auf das zu hören, was der Herr erwidert.

Aktivierung II

Bei der zweiten Aktivierung beten Sie ein einfaches Gebet, bei dem Sie Ihre Sinne dem Herrn weihen.

> *Stellt euch nicht mehr der Sünde zur Verfügung, und lasst euch in keinem Bereich eures Lebens mehr zu Werkzeugen des Unrechts machen.*
> *Denkt vielmehr daran, dass ihr ohne Christus tot wart und dass Gott euch lebendig gemacht hat, und stellt euch ihm als Werkzeuge der Gerechtigkeit zur Verfügung, ohne ihm irgendeinen Bereich eures Lebens vorzuenthalten* (Röm 6,13 NGÜ).

Beten Sie folgendes Hingabegebet in Ihren eigenen Worten:

Herr,
ich übergebe dir alle Bereiche meines Lebens,
einschließlich meiner geistlichen Sinne.
Meine geistliche Fähigkeit
zu sehen,
zu hören,
zu schmecken,
zu riechen
und zu tasten
gebe ich dir allein.
Ich gebe mich dir hin als ein Werkzeug der Gerechtigkeit.

KAPITEL 3

Übertragung geistlicher Gaben durch Handauflegung

Um die Gabenweitergabe[1] zu begreifen, müssen wir verstehen, was Salbung ist. In der Bibel bedeutet es „ein Einschmieren", und Öl ist ein Symbol für den Heiligen Geist. Wenn ein Prophet oder Priester Öl auf den Kopf von jemandem gegossen, gerieben oder geschmiert hat, wurde es immer als „Salben" dieser Person bezeichnet. Die gesalbte Person empfing also praktisch einen Teil des Öls, welches dem Propheten oder Priester gehörte. Im Allgemeinen kennen wir dies als Übertragung der Salbung.

Im Alten Testament wurde Öl gebraucht, um die Weitergabe der Salbung anzudeuten. Im Neuen Testament sehen wir, dass die Salbung des Heiligen Geistes nun durch das Auflegen der Hände weitergereicht werden kann, weil die Salbung in uns wohnt: *„Die Salbung, die ihr von ihm empfangen habt, bleibt in euch …"* (1 Joh 2,27).

---

[1] Engl. „impartation"; damit ist gemeint, dass geistliche Gaben oder Fähigkeiten von einer Person an eine andere weitergegeben werden, so wie Timotheus etwas von Paulus empfing: *„Um dieser Ursache willen erinnere ich dich, die Gnadengabe Gottes anzufachen, die in dir durch das Auflegen meiner Hände ist"* (2 Tim 1,6). Im weiteren Verlauf des Buches mit „Gabenübertragung", „Gabenweitergabe" oder „Gabenfreisetzung" wiedergegeben. Anmerkung des Herausgebers.

Gabenübertragung ist grundlegend

Der Apostel Paulus bezeichnete das Auflegen der Hände als eine der sechs grundlegenden Lehren, die ein Christ verstehen sollte. Damit gehört sie zum Fundament unseres christlichen Glaubens. In vielen Kreisen der heutigen Gemeinde wird die Übertragung geistlicher Gaben ignoriert, wenn nicht sogar völlig geleugnet; doch im ersten Jahrhundert wurde sie als grundlegende Wahrheit betrachtet:

> *Deshalb wollen wir das Wort vom Anfang des Christus lassen und uns der vollen Reife zuwenden und nicht wieder einen Grund legen mit ... der Handauflegung ...* (Hebr 6,1-2).

Paulus sah die Gabenweitergabe auch als einen Teil des Prozesses an, gefestigt zu werden. Er gab den Gläubigen in Rom geistliche Gaben weiter, um ihnen eine bessere Grundlage zu geben: *„Denn mich verlangt danach, euch zu sehen, um euch etwas geistliche Gnadengabe mitzuteilen, damit ihr gestärkt*[2] *werdet"* (Röm 1,11 SLT).

Gabenübertragung geschieht bewusst

Im Alten Testament war die Salbung ein sehr zielgerichteter, feierlicher Akt. Die Weitergabe von Gaben geschieht nicht nur durch Berührung, sondern weil eine Person ihre Hände unter der Führung des Heiligen Geistes jemandem mit einer bestimmten Absicht auflegt. Gabenübertragung geschieht gezielt.

Zu behaupten, dass eine Gabenübertragung jedes Mal geschieht, wenn eine Berührung stattfindet, wäre so ähnlich, als würde man sagen, dass alles, worauf im Alten Testament das Öl eines Propheten tropfte, wann immer er ein undichtes Ölfläschchen hatte, zum König gesalbt wurde. Wenn es lediglich um die Berührung ginge, würde jedes Mal, wenn Sie einer Person die Hände schütteln, etwas von dieser auf Sie übertragen werden. Das ist nicht biblisch, und wir unterstützen diese Form von Aberglauben

[2] od. gefestigt (Fußnote SLT).

keineswegs. Es steht jedes Mal eine Absicht dahinter, wenn wir etwas unter der Führung des Heiligen Geistes weitergeben: *„was ich aber habe, das gebe ich dir ..."* (Apg 3,6).

Gabenübertragung ist biblisch

Über die ganze Bibel verteilt gibt es viele weitere Beispiele von einzelnen Personen oder Gruppen, die eine Gabenübertragung vom Herrn durch eine andere Person empfangen. Ein paar davon wollen wir uns anschauen:

Josua und Mose: *„Josua aber, der Sohn des Nun, war erfüllt mit dem Geist der Weisheit; denn Mose hatte seine Hände auf ihn gelegt. Und die Söhne Israel gehorchten ihm und taten, wie der HERR dem Mose geboten hatte"* (5 Mose 34,9).

Mose und die Ältesten: *„Da ging Mose hinaus und redete zum Volk die Worte des HERRN; und er versammelte siebzig Männer aus den Ältesten des Volkes und stellte sie rings um das Zelt auf. Und der HERR kam in der Wolke herab und redete zu ihm und nahm von dem Geist, der auf ihm war, und legte ihn auf die siebzig Männer, die Ältesten. Und es geschah, sobald der Geist auf sie kam, weissagten sie ..."* (4 Mose 11,24-25a).

Elia und Elisa: *„Und es geschah, als sie hinübergegangen waren, da sagte Elia zu Elisa: Bitte, was ich für dich tun soll, bevor ich von dir weggenommen werde! Elisa sagte: Dass mir doch ein zweifacher Anteil von deinem Geist gegeben werde"* (2 Kön 2,9).

Petrus: *„Da sprach Petrus: Silber und Gold habe ich nicht; was ich aber habe, das gebe ich dir: Im Namen Jesu Christi, des Nazareners, steh auf und geh umher"* (Apg 3,6 SLT).

Paulus und Timotheus: *„Vernachlässige nicht die Gnadengabe in dir, die dir gegeben worden ist durch Weissagung mit Handauflegung der Ältestenschaft!"* (1 Tim 4,14).

Die Gabenübertragung hatte sehr starke Auswirkungen auf Timotheus. Insbesondere empfing er als Ergebnis dieser Übertragung durch Handauflegung und Weissagung eines prophetischen Ältestenkreises eine geistliche Gabe: *„Um dieser Ursache willen erinnere ich dich, die Gnadengabe Gottes anzufachen, die in dir durch das Auflegen meiner Hände ist"* (2 Tim 1,6).

Die Weitergabe geistlicher Gaben ist individuell

Empfängt jeder eine gleich starke Zurüstung, wenn ihm die Hände aufgelegt werden? Einige sind der Meinung, dass, wenn ein berühmter christlicher Leiter jemandem die Hände auflegt, der Empfangende eine Übertragung erfährt, die ihm sofort den gleichen Anteil an der Salbung gibt.

Es ist Gottes Gnade, die uns davor bewahrt, mehr zu empfangen, als wir verkraften können. Wie Pastor Bill Johnson aus Redding (Kalifornien) sagt: „Offenbarung bringt immer Verantwortung mit sich, und Hunger ist es, der unsere Herzen vorbereitet, das Gewicht dieser Verantwortung zu tragen."[3] **Unser Charakter muss in der Lage sein, das Maß der Kraft auf uns tragen zu können.** Sonst werden wir für die Menschen um uns herum zur Gefahr. Also lautet die Antwort Nein, nicht jeder empfängt bei einer Gabenübertragung dasselbe Maß an Salbung. Gott weiß, was Sie brauchen und womit Sie umgehen können.

Gabenweitergabe ist ein Same, noch keine voll ausgewachsene Pflanze

Das Gleichnis vom Sämann (vgl. Lk 8,4-15) lehrt uns, wie der Bauer seinen Samen zur Errettung ausstreut, und es vermittelt uns auch ein Prinzip, wie wir von Gott empfangen können. Unser Herz steht für die Erde, und Vater Gott ist der Sämann, der den Samen ausstreut, welcher das Wort Gottes ist (bzw. in unserem Zusammenhang Gabenübertragung). Er wirft ihn auf den Boden unseres Herzens. Dann kommen die Vögel, die ein Bild für dämonische Angriffe sind, um zu stehlen, zu töten und zu verderben (vgl. Joh 10,10).

---

[3] Johnson, Bill, *Träume mit Gott*, Wohlkunde-Verlag, Nürnberg 2010.

Genau hier können sich Abweichungen bei der Gabenübertragung ergeben. Wie ein Same heranwächst, hängt vom Boden ab, in den er gesät wurde, und inwieweit dieser Boden für das Wachstum des Samens vorbereitet ist. Ist der Same einmal ausgesät, kann er sehr schnell wachsen, wenn ihm genug Wasser (Zeit in der Gegenwart des Heiligen Geistes – siehe Joh 7,38-39) und Sonnenlicht (Jesus ist das Licht, das der Same zum Wachsen braucht – siehe 2 Kor 4,4) gewährt wird.

Meiner Erkenntnis nach erleben folgende Personenkreise die kraftvollsten Gabenübertragungen: jene, die hungrig sind nach mehr von Gott, Pastoren, die müde und ausgebrannt sind, und Menschen, deren Dienst sich verzweifelt nach einem Durchbruch sehnt. Dies sind Menschen, deren Boden den Samen geradezu herbeisehnt. Beinahe im selben Moment, wenn der Same in die Erde fällt, sprießt etwas auf. Der Boden ist schon mit Wasser und Sonnenlicht aufbereitet, und dennoch braucht es die Gabenübertragung, damit etwas aufwachsen und erzeugt werden kann. Im Gegensatz dazu gibt es diejenigen, die keinen Hunger nach Gott haben, die keine Zeit mit dem Heiligen Geist verbringen und nicht im Licht Jesu leben, was ihre Herzen hart wie felsigen Boden zurücklässt. Normalerweise muss Gott einen solchen Boden erst pflügen, bevor Samen darin wachsen können.

Ein weiterer Faktor beim Anbauen ist, dass durch die Erde ein gewisser Druck auf den Samen ausgeübt werden muss, damit seine Schale aufbricht und der Same zu wachsen anfangen kann. In Grabmälern von Pharaonen wurden Samenkörner gefunden, die nie gekeimt haben, weil sie nie in die Erde gepflanzt wurden, die einen Druck hätte ausüben können. Doch einige dieser Samen, die über 4000 Jahre alt sind, haben inzwischen begonnen zu keimen und Frucht hervorzubringen, nachdem sie in Erde gesät wurden. Das ist der Grund, warum tagtäglich Samen der Errettung in den Herzensboden von Menschen gesät werden kann, ohne dass ein Ergebnis zu sehen ist. Aber wenn die Widrigkeiten des Lebens den nötigen Druck ausüben, brechen die Samen auf und Leben sprießt hervor.

Dieser Druck hat für die Weitergabe von Gaben und Salbung eine Bedeutung, denn es sind nicht nur geistlich hungrige Menschen, die kraftvolle Erfahrungen in dieser Hinsicht machen. Manchmal sind es Menschen, die kurz davorstehen, ihren Dienst zu verlieren oder wegen Schwierigkeiten aufzugeben. Jemand, der in seinem Leben unter immensem Druck steht, kann durchaus jemand sein, der am ehesten dafür bereit ist, dass der Same der Übertragung einer geistlichen Befähigung in sein Herz fällt.

Sie können nur weitergeben, was Sie selbst besitzen

Es ist sehr entscheidend, dass wir diesen nächsten Punkt verstehen: Sie können nur das weitergeben, was Sie auch besitzen – wenn Sie es besitzen, können Sie es weitergeben. Wenn Sie es nicht besitzen, sollten Sie auch keinem die Hände auflegen und eine Übertragung erklären. Wenn Sie nur Oliven-Salböl in Ihrem Fläschchen haben, können Sie kein Zedern-Salböl auf jemand übertragen. Natürlich können Sie dafür beten, dass Gott es ihnen gibt. Aber stellen Sie es nicht so dar, als könnten Sie etwas weitergeben, was Sie in Ihrem eigenen Leben nicht haben. Sie können keine Auferstehungskraft an jemanden weitergeben, wenn Sie noch nie jemanden von den Toten auferweckt haben, aber Sie können dies prophetisch über jemandem aussprechen, wenn der Herr Sie so führt.

„Der zweifache Anteil", was die Weitergabe von Salbung angeht, ist ein Ausdruck, den man in bestimmten Gemeindekreisen häufig hört. Um den zweifachen Anteil richtig zu verstehen, ziehen Sie folgendes Szenario in Betracht: Wurde ein Prophet im Alten Testament von Gott gesandt, einen König zu salben, und er hatte 300 Milliliter Salböl in seiner Flasche, konnte er dem König auch nur 300 Milliliter weitergeben. Hätte der König ihn um den zweifachen Anteil der gesamten Salbung des Propheten gebeten, wären das ja 600 Milliliter gewesen. Aber der Prophet konnte keine 600 weitergeben, weil er ja nur 300 hatte. Das wäre das Doppelte der Salbung, die er hatte. Genau das hat Elisa getan, als er um den zweifachen Anteil von Elias Salbung bat. Elia antwortete: *„Du* *hast Schweres erbeten"* (2 Kön 2,10a)! Daraufhin, weil ein Mensch nicht die Fähigkeit besitzt, jemandem einen zweifachen Anteil weiterzugeben, gibt Elia diese Verantwortung an Gott weiter, indem er Folgendes sagt: *„Wenn du mich sehen wirst, wie ich von dir weggenommen werde, dann wird dir das gegeben werden; wenn aber nicht, dann wird es dir nicht gegeben werden"* (2 Kön 2,10b). Diese Schriftstelle beinhaltet das richtige Verständnis des zweifachen Anteils, auf den sich Elisa bezog. Beachten Sie hier, dass selbst der Prophet Elia nicht in der Lage war, den zweifachen Anteil einfach weiterzugeben; im Grunde antwortete er, dass es Gott tun müsse. Es wäre durchaus weiser, diese Redewendung etwas vorsichtiger zu gebrauchen.

1. Timotheus 5,22 wirft eine weitere wichtige Frage hinsichtlich der Praxis der Weitergabe von geistlichen Gaben auf: *„Die Hände lege niemand schnell auf, und habe nicht teil an fremden Sünden! Bewahre dich selbst rein!"* Wenn wir diesen Vers aus seinem ursprünglichen Zusammenhang herausreißen, könnte man meinen, er würde dem bisher von mir in diesem Kapitel Gesagten widersprechen. Ein großer Teil des 1. Timotheusbriefes handelt davon, wie Leiter einer Gemeinde in eine Position der Autorität eingesetzt werden. Das ganze Kapitel 3 stellt im Einzelnen dar, welche Qualifikationen eine Person haben sollte, die als Leiter eingesetzt werden soll. Einige Verse vorher schreibt Paulus: *„Die Ältesten, die gut vorstehen, sollen doppelter Ehre gewürdigt werden, besonders die in Wort und Lehre arbeiten. Denn die Schrift sagt: ‚Du sollst dem Ochsen, der da drischt, nicht das Maul verbinden', und: ‚Der Arbeiter ist seines Lohnes wert.' Gegen einen Ältesten nimm keine Klage an außer bei zwei oder drei Zeugen! Die da sündigen, weise vor allen zurecht, damit auch die Übrigen Furcht haben"* (1 Tim 5,17-20)!

Im 1. Timotheusbrief schreibt Paulus über das Auflegen der Hände im Zusammenhang mit dem Einsetzen von Leitern in eine Position der Autorität. Dies hat nichts mit der Übertragung einer Gabe oder Salbung zu tun. Es ergäbe keinen Sinn, wenn Paulus in Hebräer 6 und Römer 1 schreibt, er wolle Babychristen die Hände auflegen, *„damit sie gefestigt werden"* (Röm 1,11), um dann wiederum im 1. Timotheusbrief davor zu warnen, dass man durch Handauflegung fremder Sünden teilhaftig werden könne. Wenn er sich in beiden Schriftstellen auf dieselbe Art von Handauflegung beziehen würde, würde er dann nicht raten, „sich selbst rein zu bewahren", indem man Menschen, die noch nicht „gefestigt" sind, nicht die Hände auflegt (1 Tim 5,22; Röm 1,11)? Es gibt zwei verschiedene Arten der Handauflegung: Die eine dient dem Einsetzen von Leiterschaft in eine Position der Autorität und die zweite der Weitergabe und Übertragung von Salbung. Bei der ersten Art gibt es Bedingungen und Einschränkungen, wohingegen einen die zweite Art im Grunde genommen dazu motiviert, qualifiziert zu werden. **Die Übertragung der Salbung durch Handauflegung, um damit eine bestimmte Gabe weiterzugeben, gilt für jeden Christen und soll nicht zurückgehalten werden; ja, sie ist dazu da, um beim geistlichen Wachstum zu helfen.**

Aktivierung

Es gibt viele Bibelstellen, die die Tatsache bestätigen, dass eine Gabenübertragung durch die Berührung von Gegenständen geschehen kann (siehe Mt 9,20; 14,35-37; Apg 19,11-12). Die praktische Übung für dieses Kapitel wird ein Gebet sein, um eine Gabenübertragung zu empfangen. Legen Sie eine Hand auf dieses Buch, während Sie die andere sich selbst auflegen. Drücken Sie dieses Gebet mit eigenen Worten aus und entfachen Sie dadurch Ihren Glauben:

> *Ich empfange genau jetzt eine Gabenzuteilung vom Heiligen Geist, dass die Fähigkeit, die Geister zu unterscheiden, in mir zunimmt. Für meine Augen empfange ich eine Salbung, damit sie sehen (vgl. Offb 3,18); ich empfange erleuchtete Augen meines Herzens (vgl. Eph 1,17-18) und eine größere Sicht in die geistliche Welt hinein.*

KAPITEL 4

Wir alle können sehen

Sie können es lernen

Viele Menschen verstehen nicht, dass man über Geistesgaben lehren und sie dadurch erlernen kann. Der Apostel Paulus wollte nicht, dass wir ohne Kenntnis seien, was die geistlichen Gaben angeht (vgl. 1 Kor 12,1), und was korrigiert Unkenntnis besser als Lehre?

Einige behaupten, Paulus habe sich nur allgemein auf die Lehre über Geistesgaben bezogen, und nicht darauf, dass man die Gaben durch Schulung aktivieren könne. Wäre Paulus gegen diese Vorstellung der Aktivierung, sodass alle lernen können, warum sagt er dann: *„Denn ihr könnt einer nach dem anderen alle weissagen, damit alle lernen und alle getröstet werden"* (1 Kor 14,31)?

Die Gaben können gelehrt, erlernt und aktiviert werden. Paulus hat mit Timotheus auch einen Präzedenzfall geschaffen, indem er seinen geistlichen Sohn darin ermutigte, seine Begabung zu aktivieren: *„Um dieser Ursache willen erinnere ich dich, die Gnadengabe Gottes anzufachen, die in dir durch das Auflegen meiner Hände ist"* (2 Tim 1,6). Ich glaube, dass dieser Auftrag uns allen gilt; wir selbst sollen unsere Begabungen aktivieren, und nicht nur darauf warten und hoffen, dass der Heilige Geist in uns bewirkt, dass unsere Gabe aktiviert wird: *„Die feste Speise aber ist für die Gereiften, deren Sinne durch Übung geschult sind zur Unterscheidung des Guten und des Bösen"* (Hebr 5,14 SLT).

Wie viele Gaben habe ich?

Viele sind gelehrt worden, dass sie nur Zugang zu einer Gabe des Heiligen Geistes (möglicherweise auch zu mehreren Gaben, aber nicht zu allen) haben. Diese Lehre hat das Wirken des Heiligen Geistes in der Gemeinde begrenzt, weil die Gläubigen deswegen keine Schritte im Glauben wagen und eine Gabe gebrauchen, da es ja vielleicht nicht „ihre Gabe" ist. Wenn man keine Glaubensschritte wagt, wird man jedoch nicht herausfinden, welche Begabungen man hat, und somit hat Satan den Gebrauch der Geistesgaben effektiv verhindert.

Es gibt zwei wichtige Verse, die missverstanden und falsch angewandt worden sind, was im Wesentlichen zur Verwirrung über Geistesgaben geführt hat. Diese Verse scheinen zu sagen, dass wir als Individuen nur begrenzten Zugang zu den Gaben haben, die der Gemeinde gegeben wurden.

> *Jedem wird aber das offensichtliche Wirken des Geistes zum [allgemeinen] Nutzen verliehen ... Dies alles aber wirkt ein und derselbe Geist, der jedem persönlich zuteilt, wie er will* (1 Kor 12,7.11 SLT).

> *Wie jeder eine Gnadengabe empfangen hat, so dient damit einander als gute Verwalter der verschiedenartigen Gnade Gottes* (1 Petr 4,10)!

Es gibt eine Lehre, die aufgrund des letzten Verses besagt, jedem Christen sei nur eine Gabe (möglicherweise auch zwei oder drei, aber nicht mehr) verliehen wurden und diese Gabe ruhe in dem jeweiligen Individuum und könne zu jeder Zeit aktiviert werden. Auch 1. Korinther 12,11 scheint mit dieser Auffassung in Einklang zu sein. Ich stimme dieser Lehre zu, aber nur unter der Bedingung, dass sie durch einen anscheinend widersprechenden Gedanken ausbalanciert wird.

Stufen des Glaubens in der Ausübung der Gaben

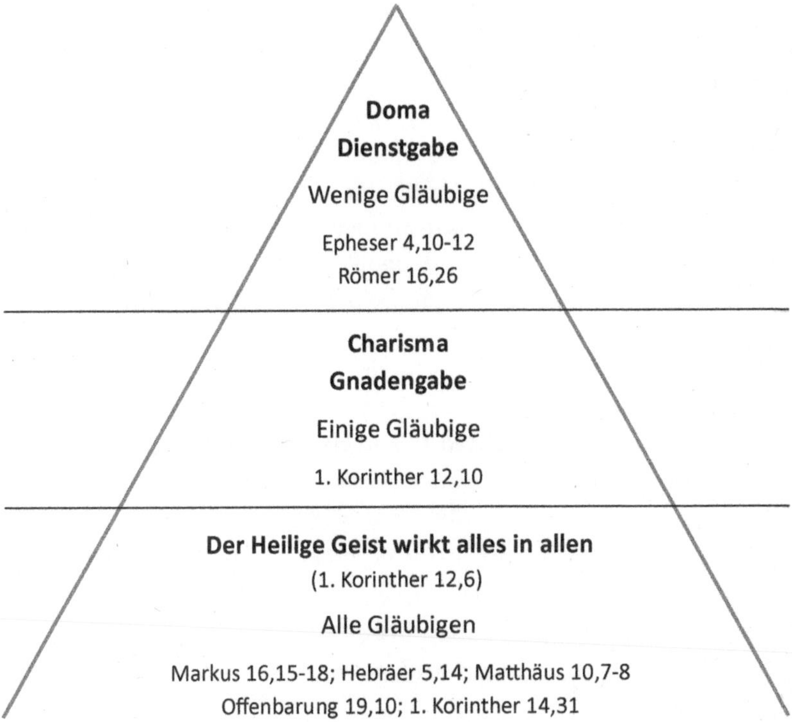

Diagramm 1

Obwohl uns 1. Korinther 12 eine Liste von neun Geistesgaben aufzeigt und sagt, dass der Heilige Geist einem jeden persönlich zuteilt, wie er will, stoßen wir im Wort Gottes auf etwas, was wie ein Widerspruch erscheint: *„… der alles in allen wirkt"* (1 Kor 12,6). Wie kann der Heilige Geist mir eine Gabe geben, die einzigartig für mich ist, wenn er gleichzeitig jedem dieselbe Gabe gibt?

Ein weiterer scheinbarer Widerspruch betrifft Weissagung (Prophetie). Sie erscheint zwar auf unserer Liste der neun speziellen

Gaben, die Einzelnen verliehen werden, doch trotzdem lesen wir: *„Denn ihr könnt ... alle weissagen"* (1 Kor 14,31).

Und wie verhält es sich mit der Gabe der Heilung? Ist sie eine Gabe, die nur einige haben, oder sollten wir alle den Kranken die Hände auflegen und Heilung erleben? So wie es in Markus 16,17-18 (SLT) steht: *„Diese Zeichen aber werden die begleiten, die gläubig geworden sind: ... Kranken werden sie die Hände auflegen, und sie werden sich wohl befinden."* Wenn mir also die Gabe der Heilung nicht zur Verfügung steht, wie kann ich dann verantwortlich dafür sein, für die Kranken zu beten? In Matthäus 10,8 wird mir sogar befohlen, die Kranken zu heilen: *„Heilt Kranke, weckt Tote auf, reinigt Aussätzige, treibt Dämonen aus! Umsonst habt ihr empfangen, umsonst gebt!"* Wie kann Gott „gerecht" sein, wenn er mir etwas befiehlt, wozu er mich nicht ausgerüstet hat?

Wie verhält es sich schließlich mit der Unterscheidung der Geister? In Hebräer 5,14 heißt es: *„Die feste Speise aber ist für die Gereiften,* ***deren Sinne durch Übung geschult sind zur Unterscheidung*** *des Guten und des Bösen"* (Hebr 5,14 SLT). Wenn aber nur einigen Christen die Gabe der Unterscheidung der Geister verliehen wurde, wie kann Gott dann verlangen, dass wir alle das Gute vom Bösen unterscheiden?

Drei verschiedene Stufen bei den Gaben

Was hier nicht berücksichtigt ist, ist die Tatsache, dass es drei verschiedene Stufen von geistlichen Gaben gibt. Nehmen wir zum Beispiel Prophetie: Auf der höchsten Stufe befindet sich das „Amt" bzw. die Dienstgabe des Propheten, wie es in Epheser 4,11-13 erwähnt wird; auf der mittleren Stufe befindet sich die Gabe der Weissagung (Prophetie), die wir in 1. Korinther 14,31 finden; und die unterste Stufe ist die Glaubensebene, die Paulus in 1. Korinther 14,31 (LUT) beschreibt: „Ihr könnt alle prophetisch reden". Die Entwicklung lässt sich wie in Diagramm 1 als Dreieck darstellen: ganz unten kann jeder prophezeien, zur Mitte hin handelt es sich um einige Menschen, die tatsächlich eine Gabe der Prophetie haben; im oberen Teil des Dreiecks gibt es ein paar wenige Menschen, die die Berufung eines Propheten haben. Nur weil Sie prophezeien können, heißt das nicht, dass Sie die Gabe der Prophetie haben, und nur weil Sie die Gabe der Prophetie haben, bedeutet das nicht, dass Sie das „Amt" und die Berufung eines Propheten haben.

Lassen Sie uns das Dreieck mit den drei Ebenen nehmen und es auf die Gabe der Unterscheidung der Geister anwenden. An der Spitze des Dreiecks finden wir das Amt des Sehers; in der Mitte befindet sich die Gabe der Unterscheidung der Geister; und unten haben wir die Glaubensebene, auf die sich Hebräer 5,14 (SLT) bezieht: *„Die feste Speise aber ist für die Gereiften, deren Sinne durch Übung geschult sind zur Unterscheidung des Guten und des Bösen."* So wie beim prophetischen Reden ist es auch hier: Nur weil Sie etwas unterscheiden können, bedeutet das nicht, dass Sie die Gabe der Unterscheidung haben, und selbst wenn Sie in den Geist sehen können und die Gabe der Geisterunterscheidung haben, heißt das nicht, dass Sie das Amt und die Berufung eines Sehers haben. Viele haben sich auf den beiden unteren Ebenen bewegt und sich selbst zu Propheten und Sehern im Leib Christi erklärt, was einen unnötigen geistlichen Kampf gegen sie hervorgerufen hat. Es ist geistlich gefährlich, sich selbst zum Propheten oder Seher zu ernennen, es sei denn, Sie sind wirklich einer. Eine todsichere Methode, zu erkennen, ob Sie wirklich ein Prophet oder Seher sind, ist, sich die Schriftstelle anzuschauen, die die Tätigkeitsbeschreibung eines echten Propheten im Neuen Testament gibt: *„Und er hat die einen als Apostel gegeben und andere als Propheten, andere als Evangelisten, andere als Hirten und Lehrer, zur Ausrüstung der Heiligen für das Werk des Dienstes, für die Erbauung des Leibes Christi"* (Eph 4,11-12). Der Prophet im Neuen Testament ist dazu da, andere zum Werk des Dienstes auszurüsten; wenn Sie niemanden im Prophezeien ausrüsten, sind Sie wahrscheinlich kein Prophet.

Augen habt ihr und seht nicht? (Mk 8,18)

Viele Verse in der Bibel stellen fest, dass die geistlichen Augen und Ohren aller Christen sowohl geöffnet als auch wirksam sein können und sollten. **Wir überlesen diese klaren Aussagen häufig, weil uns gesagt wurde, dass im Geist zu sehen nicht unsere Gabe sei.** Hier nun ein kleiner Überblick mit sieben Bibelabschnitten, die zum Ausdruck bringen, dass die geistlichen Augen eines jeden Gläubigen funktionieren sollten.

1. **Hebräer 5,12-14 (SLT):** *Denn obgleich ihr der Zeit nach Lehrer sein solltet, habt ihr es wieder nötig, dass man euch lehrt, was die Anfangsgründe der Aussprüche Gottes sind; und ihr seid solche geworden, die Milch nötig haben und nicht feste Speise. Wer nämlich noch Milch genießt, der ist unerfahren im Wort der Gerechtigkeit; denn er ist ein Unmündiger. Die feste Speise aber ist für die Gereiften, deren Sinne durch Übung geschult sind zur Unterscheidung des Guten und des Bösen.*

Diese Stelle zeigt, dass ein Zeichen aller reifer Christen ist, dass sie aktiv darin sind, zu unterscheiden. Diese Fähigkeit steht uns nicht nur zur Verfügung, sondern ist auch ein Zeichen von Reife. Es ist an der Zeit zu wachsen und unsere Unterscheidungsfähigkeit zu gebrauchen.

2. **Epheser 1,15-18 (SLT):** *Darum lasse auch ich, nachdem ich von eurem Glauben an den Herrn Jesus und von eurer Liebe zu allen Heiligen gehört habe, nicht ab, für euch zu danken und in meinen Gebeten an euch zu gedenken, dass der Gott unseres Herrn Jesus Christus, der Vater der Herrlichkeit, euch [den] Geist der Weisheit und Offenbarung gebe in der Erkenntnis seiner selbst, erleuchtete Augen eures Verständnisses, damit ihr wisst, was die Hoffnung seiner Berufung und was der Reichtum der Herrlichkeit seines Erbes in den Heiligen ist.*

Wenn Paulus geglaubt hätte, dass nur bestimmte Christen im Geist sehen können, warum sollte er dann seine Zeit damit verschwenden, für alle Gläubigen in Ephesus zu beten, dass die Augen ihres Herzens erleuchtet werden? Offensichtlich glaubte

Paulus, dass die geistlichen Augen von allen geöffnet werden konnten.

3. **2. Könige 6,15-17:** *Und als der Diener des Mannes Gottes früh aufstand und hinausging, siehe, da umringte ein Heer die Stadt und Pferde und Kriegswagen. Und sein Diener sagte zu ihm: Ach, mein Herr! Was sollen wir tun? Er aber sagte: Fürchte dich nicht! Denn zahlreicher sind die, die bei uns sind, als die, die bei ihnen sind. Und Elisa betete und sagte: HERR, öffne doch seine Augen, dass er sieht! Da öffnete der HERR die Augen des Dieners, und er sah. Und siehe, der Berg war voll von feurigen Pferden und Kriegswagen um Elisa herum.*

Elisa betete nicht: „Wenn es die Gabe meines Dieners ist, öffne ihm die Augen." Nein, **Elisa wusste, dass Gott die Augen des Dieners öffnen wollte,** da Gott immer die Augen seiner Diener öffnen will. Es steht nicht in Frage, dass Gott uns allen geistliche Augen geschenkt hat, die vor dem Fall Adams perfekt funktioniert haben – warum sollten sie dann nicht in jedem von neuem geborenen Gläubigen funktionieren?

4. **Offenbarung 3,17-18:** *Weil du sagst: Ich bin reich und bin reich geworden und brauche nichts!, und nicht weißt, dass du der Elende und bemitleidenswert und arm und blind und bloß bist, rate ich dir, von mir im Feuer geläutertes Gold zu kaufen, damit du reich wirst; und weiße Kleider, damit du bekleidet wirst und die Schande deiner Blöße nicht offenbar werde; und Augensalbe, deine Augen zu salben, damit du siehst.*

Wir sind geistlich gesehen arm und nackt, und Gott möchte uns geistlich bekleiden und uns geistliche Reichtümer schenken. Dennoch ist der dritte Teil des Verses für einige ein Anstoß: Dass wir geistlich blind seien und Gott unsere Augen mit Augensalbe salben möchte, damit wir sehen können. Aber wir sind nun mal geistlich blind, und Gott stellt eine Salbung zur Verfügung, die die Augen eines jeden Gläubigen öffnen kann. Gott hat keine einzige Person davon ausgeschlossen und seine Gaben nicht auf nur ein paar wenige begrenzt. Diese Salbung von Offenbarung 3 steht allen zur Verfügung, genauso wie die Kleider und das Gold, das er für uns bereithält.

5. **Lukas 4,18:** *Der Geist des Herrn ist auf mir, weil er mich gesalbt hat, Armen gute Botschaft zu verkündigen; er hat mich gesandt, Gefangenen Freiheit auszurufen und Blinden, dass sie wieder sehen, Zerschlagene in Freiheit hinzusenden.*

Von diesem Vers wird selten angenommen, dass er sich auf geistliches Sehvermögen bezieht, aber lassen Sie uns mal näher hinschauen. Jesus hat gesagt, dass er gesalbt wurde, den Armen die gute Botschaft zu predigen, was eine geistliche Aktivität ist. Er wurde gesalbt, den Gefangenen Freiheit auszurufen und Zerschlagene in Freiheit hinzusenden. Ich behaupte, dass sich dies nicht auf tatsächlich (im Gefängnis) gefangene und zerschlagene Menschen bezieht, was durch die Tatsache bewiesen wird, dass Jesus nicht buchstäblich Gefängniszellen aufgemacht hat, um Gefangene zu befreien. Stattdessen heilte und befreite er Herzen und setzte wiederum andere von dämonischer Bedrückung frei. Das führt zu der Schlussfolgerung, dass Jesus vielleicht nicht nur körperlich Blinde heilte – was er natürlich tat –, sondern auch geistlich Blinde.

6. **Matthäus 7,1-5:** *Richtet nicht, damit ihr nicht gerichtet werdet! Denn mit welchem Gericht ihr richtet, werdet ihr gerichtet werden, und mit welchem Maß ihr messt, wird euch zugemessen werden. Was aber siehst du den Splitter, der in deines Bruders Auge ist, den Balken aber in deinem Auge nimmst du nicht wahr? Oder wie wirst du zu deinem Bruder sagen: Erlaube, ich will den Splitter aus deinem Auge ziehen, und siehe, der Balken ist in deinem Auge? Heuchler, zieh zuerst den Balken aus deinem Auge! Und dann wirst du klar sehen, um den Splitter aus deines Bruders Auge zu ziehen.*

Es ist ganz deutlich, dass Jesus eine Metapher und Übertreibung benutzt (er übertreibt, um einen wichtigen Punkt hervorzuheben) und sich dabei nicht auf das körperliche Auge bezieht. Er spricht davon, wie wir die Welt mit den Augen unseres Herzens sehen und wie wir zeitweise einen Splitter oder einen Balken darin haben, die uns beim Sehen behindern. Auch geht es in diesen Versen um Heuchelei.

7. **1. Johannes 2,9-11:** *Wer sagt, dass er im Licht sei, und hasst seinen Bruder, ist in der Finsternis bis jetzt. Wer seinen Bruder liebt, bleibt im Licht, und nichts Anstößiges ist in ihm. Wer aber seinen Bruder hasst, ist in der Finsternis und wandelt in der Finsternis und weiß nicht, wohin er geht, weil die Finsternis seine Augen verblendet hat.*

Wenn ein Christ einen anderen Gläubigen hasst, wird dieser Christ dann körperlich blind? Natürlich nicht! Die Verse sprechen davon, wie Hass unsere geistlichen Augen blind machen kann. Wir müssen unsere Unterscheidungsfähigkeit in der Liebe gebrauchen. Hass verhindert, verdunkelt und zerstört christusgemäße Unterscheidung.

Ein offenes Herz

Die Frage, wer welche Gaben hat und in wie vielen Gaben eine Person wirken kann, ist in bestimmten Gemeindekreisen zu einem Streitthema geworden. Ich hoffe, dass dieser kurze Überblick mit sieben Beispielen über Gottes Verlangen, dass jeder Mensch geistlich sehen können soll, dabei geholfen hat, Ihr Herz und Ihren Sinn zu öffnen. Uns steht so viel mehr zur Verfügung, und **wir müssen dafür offen bleiben, neue Wahrheiten im Wort zu entdecken.** Wir sollten beherzigen, was der Apostel Paulus gesagt hat und *„um die größeren Gnadengaben eifern"* (1 Kor 12,31). Jetzt, da wir die verschiedenen Ebenen bei den Gaben verstanden haben, können wir wirklich den größeren Gaben nacheifern.

Aktivierung

Die Worte *Offenbarung, Auslegung* und *Anwendung* können auf einfache und direkte Weise dabei helfen, mit Informationen aus dem Bereich des Geistes umzugehen. Als Erstes zeigt bzw. offenbart

Ihnen Gott etwas. Als Zweites fragen Sie den Herrn, was die Offenbarung bedeutet. Als Drittes fragen Sie den Herrn, was Sie mit der Information tun sollen, die er Ihnen gerade gegeben hat.

Offenbarung: Bitten Sie den Herrn, Ihnen ein Bild in Ihrer Vorstellung zu zeigen.

Auslegung: Fragen Sie den Herrn, was dieses Bild bedeutet.

Anwendung: Fragen Sie den Herrn, wie Sie darauf reagieren sollen. Eventuell sollen Sie das Bild einfach nur empfangen und dadurch ermutigt werden, aber es kann auch sein, dass das Bild für jemand anderen ist und dass Sie diese Person mit dem ermutigen sollten, was er Ihnen gezeigt hat.

Schreiben Sie die Offenbarung, die Auslegung und die Anwendung in Ihr Notizbuch. Dadurch behalten Sie die Offenbarung, damit Sie in der kommenden Zeit durch sie ermutigt werden können. Diese drei Schritte kann man auf jede Vision, jeden Traum oder jedes Bild vom Herrn anwenden.

KAPITEL 5

Propheten und Seher

Die Frage, die mir am häufigsten gestellt wird, lautet: „Was ist ein Seher?" Die Antwort, die ich gebe, fällt unterschiedlich aus, je nachdem, wer mich fragt. Es gibt drei allgemeine Kategorien von Menschen, die mir diese Frage stellen, und ich antworte gemäß der Gruppe, zu der sie gehören.

Wenn ich von einer Person gefragt werde, die kein Christ ist, kann ich zur Erklärung keinen christlichen Wortschatz benutzen. Ich gebrauche Ausdrücke, die für sie verständlich sind, und gestalte meine Antwort so, dass sie für sie einleuchtend ist. Ich sage etwa Folgendes: „Ein Seher kann in die geistliche Welt um uns herum hineinsehen und gleicht einer medial veranlagten Person. Der Unterschied liegt jedoch darin, dass ein Christ rechtmäßigen Zutritt zu diesem übernatürlichen Bereich hat, weil Jesus in einem Christen lebt. Ein Medium hat nicht das Recht, in diesem Bereich wirksam zu sein; es begibt sich dabei sogar in Gefahr. **Gott kommuniziert mit Sehern durch Visionen, offene Visionen und Träume, aber auch auf vielen anderen Wegen.**

Wenn der Fragende ein Christ ist, aber nicht mit Propheten und Prophetie vertraut ist, dann würde ich wahrscheinlich etwa Folgendes sagen: „Erinnern Sie sich daran, wie Samuel im Alten Testament Visionen hatte und Gottes Wort zu anderen gesprochen hat? Genau das ist die Aufgabe eines Sehers oder Propheten. Gott spricht auf verschiedene Weise zu Sehern und Propheten; diese nehmen dann die Botschaften und verkünden sie der Gemeinde, um Vision, Wegweisung und Ermutigung zu vermitteln."

Wenn jemand, der mit Prophetie und Propheten sehr vertraut ist, fragt: „Was ist ein Seher?", schwingen für gewöhnlich noch ein paar andere Fragen mit. Diese sind vielfältig: „Spielt es eine Rolle, dass wir zwischen Sehern und Propheten unterscheiden?" „Gibt es auch im Neuen Testament Seher?" „Wer genau sind die Seher in der Bibel?" „Worin unterscheiden sich Seher und Propheten?" Da die ersten beiden Gruppen von Fragen inzwischen beantwortet worden sind, gehe ich auf die letztere genauer ein.

Frage: Spielt es eine Rolle, dass wir zwischen Sehern und Propheten unterscheiden?

Antwort: Wir richten uns nach der Bibel. Wenn es Gott wichtig ist, sollte es auch uns wichtig sein. Die Bibel ist nicht willkürlich im Gebrauch der Bezeichnungen *Prophet* bzw. *Seher*. Einzelne wurden entweder das eine oder das andere genannt. Diese beiden Begriffe sind keine Synonyme, die einfach austauschbar wären. Hier folgt ein Beispiel aus der Bibel, in dem beide ausdrücklich auseinandergehalten werden: *„Und die Geschichte des Königs David, die frühere und die spätere, ist aufgezeichnet in der Geschichte Samuels, des Sehers, und in der Geschichte Nathans, des Propheten, und in der Geschichte Gads, des Sehers"* (1 Chr 29,29 SLT). Gott unterschied deutlich zwischen Samuel und Gad als Seher und Nathan als Propheten. Wenn es Gott wichtig ist, dann sollte es auch für uns wichtig sein.

Frage: Wer genau sind die Seher in der Bibel?

Antwort: Es gibt neun Menschen im Alten Testament, die als Seher identifiziert werden können. Es gibt noch viele andere, die gelegentlich in der Gabe des Sehers gewirkt haben, wie zum Beispiel Bileam, Elisa, Daniel und Sacharja, aber sie werden in der Bibel nie als „Seher" bezeichnet. Nur neun Menschen wurde der Name, der Titel und die Berufung eines Sehers verliehen. Diese neun, die

Bibelstellen zu ihrem Titel als Seher und ihre Hauptaufgabe, die sie erfüllt haben, werden hier aufgelistet.

Seher	Bibelstelle	Hauptaufgabe
Samuel	1. Chronik 29,29	Regierungsberater
Gad	1. Chronik 29,29	Regierungsberater
Zadok	2. Samuel 15,27	Oberpriester
Hanani	2. Chronik 16,7	Enkelsohn von Samuel
Iddo	2. Chronik 9,29	Priester
Amos	Amos 7,12	Maulbeerbaumfeigenpflücker, öffentlicher Prediger
Asaph	2. Chronik 29,30	Anbetungsleiter, Autor der Psalmen 50 und 73–83
Jeduthun	2. Chronik 35,15	Anbetungsleiter
Heman	1. Chronik 25,5	Anbetungsleiter, Autor von Psalm 88

Beachten Sie die Betätigungsfelder dieser Seher. Ein Drittel von ihnen hat sich im Regierungsbereich und in öffentlichen Aufgaben betätigt, ein Drittel von ihnen war Anbetungsleiter, und ein Viertel war im offiziellen Priesterdienst. Wir können bei Hanani auch erkennen, dass die Sehersalbung über Generationen weitergegeben werden kann. Oft wird der Titel eines Sehers auch anderen wie Hesekiel und Elisa zugeschrieben, aber die hier erwähnten neun sind die Einzigen in der Bibel, die Gott als Seher heraushebt.

Frage: Gibt es Seher auch im Neuen Testament?

Antwort: Nach 1. Samuel 9,9: *„Vorzeiten sagte man in Israel, wenn man ging, Gott zu befragen: Kommt und lasst uns zum Seher gehen! Denn den man heute Prophet nennt, nannte man früher*

Seher." In unserer modernen Zeit kann uns die Geschichte und der Zusammenhang hinter biblischen Worten verloren gehen. Dieser Vers zeigt uns, dass in der Entwicklung der hebräischen Sprache die Begriffe Seher und Prophet miteinander verschmolzen und schließlich dasselbe bezeichneten. Prophet und Seher beziehen sich auf dieselbe Berufung, aber die Art und Weise, wie sie vom Herrn Offenbarung empfangen, unterscheidet sich. Die Seher haben weiterhin in Israel gedient, also wurden diese nicht abgeschafft, sondern es ergab sich nur eine Veränderung im Sprachgebrauch. Dies ähnelt der Tatsache, dass es Elektroingenieure, Maschinenbauingenieure, Bauingenieure und viele andere Arten von Ingenieuren gibt. Auch zwischen diesen gibt es große Unterschiede, aber der Einfachheit halber nennen wir sie Ingenieure.

Im Neuen Testament finden wir das Wort *Seher* nicht erwähnt. Das ist darauf zurückzuführen, dass die Leser im ersten Jahrhundert verstanden, dass das Wort *Prophet* sowohl Propheten als auch Seher mit einschließt. (Wenn 1. Samuel 9,9 die Verwendung des Begriffs *Prophet* zugunsten des Begriffs *Seher* beseitigt hätte, hätten wir dennoch fünf neutestamentliche Ämter in Epheser 4,11, aber ein Prophet würde zu den Sehern gerechnet werden.) Wenn die Gläubigen im ersten Jahrhundert diese Worte von Paulus in Epheser 4,11 lasen, sahen sie eigentlich sechs Dienste, nicht nur fünf: *„Und er hat die einen als Apostel gegeben und andere als Propheten* [das Wort *Prophet* schließt Seher mit ein]*, andere als Evangelisten, andere als Hirten und Lehrer"* (Eph 4,11). Seher und Propheten existieren beide noch, und beide sind dazu berufen, das prophetische Wort des Herrn weiterzugeben, aber sie üben ihre Funktion unterschiedlich aus (mehr darüber später).

Frage: In welcher Weise unterscheiden sich Propheten und Seher voneinander?

Antwort 1: Ein einfacher Weg, um zu bestimmen, ob jemand ein Prophet oder ein Seher in der Bibel ist, ist, darauf zu achten, wie sie ihr prophetisches Wort einleiten. Wenn sie beim Prophezeien sagen: „Der Herr spricht", dann ist es sehr wahrscheinlich, dass in ihnen als Propheten das Wort des Herrn „aufsteigt". Das hebräische

Stammwort für Prophet ist *nabi*. Dennis Cramer liefert eine sehr gute Erklärung für die Bedeutung des Wortes *nabi:*

> Das hebräische Wort für *Prophet* (erscheint 300-mal im Alten Testament) bedeutet eine Person, die plötzlich Inspiration empfängt. Das Wort deutet an, dass etwas in jemandem aufsteigt, etwas aus einem herausfließt (hervorsprudelt). Einige mögen dieses biblische Phänomen als *prophetisches Überströmen* bezeichnen – das plötzliche Aufsteigen oder Hervorfließen einer prophetischen Botschaft aus der Tiefe des menschlichen Geistes. Viele prophetische Gläubige, ob sie nun Propheten oder bloß prophetisch sind, erleben diese Art des Prophezeiens. Prophetie im „nabi"-Stil ist ein spontanes Hervorsprudeln, eine plötzliche Inspiration zu prophezeien ohne oder mit nur wenigen Vorkenntnissen.[1]

Antwort 2: Ein Seher würde häufiger sagen: „Der Herr hat mir gezeigt" oder „Es war, als ob" oder „Ich sah" und würde dem dann eine Auslegung folgen lassen. Paula Price, die Autorin des Buches „The Prophet's Dictionary" (Das Wörterbuch eines Propheten) schreibt über Seher:

> Das hebräische Wort für Seher bezeichnet jemanden, der Gottes Sprechen eher durch Visionen und Träume als durch hörbare Worte empfängt. Propheten, die äußern, dass sie das Wort des Herrn eher gesehen als gehört haben, sind ein Beispiel für diese Art von Propheten.[2]

Die sehr bekannte Prophetin und Autorin Cindy Jacobs schreibt in ihrem Buch „The Voice of God" (Die Stimme Gottes):

> Propheten im Alten Testament wurden früher einmal „Seher" genannt. Das bedeutet, dass sie buchstäblich oder im übertragenen Sinn Dinge im Geist gesehen haben. Einige Propheten

---

[1] Dennis Cramer, *School of Prophecy, Level One* (Williamsport, PA: Dennis Cramer Ministries, 1998), 54.

[2] Paula A. Price, *The Prophet's Dictionary* (Tulsa, OK: Flaming Vision Publications, 2002), 494.

> waren bildhafter in ihrer Gabe als andere, so wie Hesekiel, der Visionen von himmlischen Kreaturen hatte. Gewisse prophetische Menschen empfangen auch heutzutage ihre prophetischen Eindrücke hauptsächlich durch Bilder. Ihre Prophetien sind oft Auslegungen von Bildern oder inneren Visionen, die sie sehen.[3]

Typischerweise lehren Propheten und Seher andere, Offenbarung auf die Weise zu empfangen, wie sie sie selbst empfangen. Für einen Propheten würde das bedeuten, auf die innere Stimme des Heiligen Geistes zu hören. Für einen Seher, der Offenbarung eher visuell empfängt, würde das bedeuten, dass er die Menschen in Bezug auf Träume, innere Bilder, Visionen, die vor ihren Augen erscheinen (manchmal „offene Vision" genannt), Engelbotschafter sowie Erfahrungen im Himmel oder in der unsichtbaren Welt unterweist.

Es gibt viele verschiedene Weisen, auf die Gott zu Sehern spricht. Somit ist jeder Seher anders. Zu einigen Sehern wird fast ausschließlich durch Träume gesprochen, während andere die Fähigkeit haben, ihre geistlichen Augen zu gebrauchen und in die unsichtbare Welt hineinzuschauen, wie dies auch Elisa tat:

> *Und Elisa betete und sagte: HERR, öffne doch seine Augen, dass er sieht! Da öffnete der HERR die Augen des Dieners, und er sah. Und siehe, der Berg war voll von feurigen Pferden und Kriegswagen um Elisa herum.*

---

[3] Cindy Jacobs, *The Voice of God* (Ventura, CA: Regal Books, 1995), 223.

Kapitel 6

Die unsichtbare Welt

> *... da wir nicht das Sichtbare anschauen, sondern das Unsichtbare; denn das Sichtbare ist zeitlich, das Unsichtbare aber ewig* (2 Kor 4,18).

In dieser Bibelstelle gibt es vier Worte, die wir unbedingt verstehen müssen: *sichtbar, unsichtbar, zeitlich* und *ewig.* Das *Sichtbare* ist das, was wir als den physischen Bereich bezeichnen und für unser physisches Auge sichtbar ist. Diese Dimension kann mit unseren fünf Sinnen durch Schmecken, Tasten, Hören, Sehen und Riechen untersucht und erfahren werden.

Das *Unsichtbare* ist eine andere Dimension. Genauso wie der physische Bereich kann auch dieser mit fünf Sinnen erfahren werden. Die fünf Sinne unseres menschlichen Körpers interagieren zwar nicht mit der unsichtbaren Welt, aber wir haben fünf Sinne in unserem Geist, die dies tun. Die physische und die geistliche Dimension waren es, wovon Paulus schrieb, als er sich auf das Sichtbare und das Unsichtbare bezog.

Dann haben wir noch das *Zeitliche* und das *Ewige.* Das Ewige ist all das, was nicht physisch bzw. materiell ist. Vor Zehnmilliarden Jahren zum Beispiel existierte Gott im Himmel und im Geist. Zehnmilliarden Jahre in der Zukunft wird Gott immer noch im

Himmel und im Geist existieren. Wenn Paulus über das Zeitliche schreibt, spricht er über die materielle Welt, die im 1. Buch Mose ihren Anfang nahm und nur so lange bestehen bleibt, bis sie durch die neue Erde in Offenbarung 22 ersetzt wird. Wenn Sie eine Linie zeichnen sollten, um die Zeit darzustellen, und diese unendlich bis in die Vergangenheit und in die Zukunft hineinreichen würde, und Sie auf dieser Linie einen Zentimeter markierten, gäbe dies Ihnen eine Vorstellung davon, wie die Zeitspanne dieser Welt aus der himmlischen Perspektive aussähe. Dies ist eine nützliche Perspektive, wenn wir die Realität der geistlichen Welt betrachten.

Viele haben behauptet, die geistliche Welt sei genauso real wie die physische Welt; tatsächlich ist dies eine gewaltige Untertreibung. **Die Wahrheit ist, dass die geistliche Dimension weitaus realer ist als die physisch-materielle.** Es ist in der Tat so, dass Sie sich sofort in der geistlichen Welt befinden würden, wenn Sie jetzt, in dieser Sekunde sterben würden. Sie sind nur einen Herzschlag davon entfernt, ganz und gar in der geistlichen Welt zu existieren. Dennoch bestreiten viele ihr Leben lang, dass die geistliche Welt existiert.

Wenn ein Engel im physischen Bereich erscheint, denken die Leute im Allgemeinen, dieser sei vom Himmel gekommen. Es ist wahr, dass die Engel des Herrn ihr Zuhause im Himmel bei Gott haben, aber sie können uns auch auf der Erde in der unsichtbaren Welt umgeben, genauso wie bei Elisa und seinem Diener in 2. Könige 6. Manchmal manifestieren sie sich in der sichtbaren Welt, um eine Botschaft zu überliefern, und dann treten sie wieder in die unsichtbare Welt zurück, wie es bei Bileam in 4. Mose 22 der Fall war. Zeitweise benötigt die Überlieferung einer Botschaft viel Zeit und einen geistlichen Kampf, was uns nicht völlig bewusst sein mag. Zum Beispiel mussten die Engel Gabriel und Michael gegen den Fürst von Persien Krieg führen (möglicherweise ein böser Geist über einer ganzen Region), um endlich nach 21 Tagen vereinten Kampfes gegen diesen Fürsten durchzubrechen und die Botschaft an Daniel übermitteln zu können (vgl. Dan 10,13).

Definition der Begriffe

Einige Lehrer im Leib Christi haben neue „außerbiblische" Begriffe geprägt, um drei verschiedene Dimensionen zu erklären. [Anmerkung des Autors: „Außerbiblisch" bezieht sich einfach auf Dinge, die nicht in der Bibel stehen. Das heißt nicht, dass sie unbiblisch wären.] Aufgrund der Aussage von Paulus in 2. Korinther 12,2-4 bezüglich eines „dritten Himmels" haben sie den Schluss gezogen, dass anzunehmen sei, dass es – wenn es einen dritten Himmel gibt – auch einen ersten und einen zweiten Himmel geben müsse, auch wenn diese nicht in der Bibel erwähnt sind. Theologisch betrachtet ist das keine verkehrte Annahme. Wenn wir jedoch damit anfangen, außerbiblische Begriffe einzuführen, beunruhigen wir damit normalerweise andere Teile des Leibes Christi und es kann zu Abgrenzungen kommen. Deshalb habe ich mich dazu entschlossen, so weit es geht den biblischen Sprachgebrauch beizubehalten, damit ich auch eher vorsichtige Teile des Leibes Christi in neue Erfahrungen mit dem Heiligen Geist hineinführen kann.

Wenn sich also Leute auf den ersten Himmel beziehen, meinen sie damit das, was die Bibel die *sichtbare Welt* nennt, und mit dem zweiten Himmel die *unsichtbare Welt*, welche die physische Welt umgibt. Der Begriff *dritter Himmel* wird nur einmal in der Bibel erwähnt und bezieht sich auf eine Erfahrung, die sich einmal in 14 Jahren ereignet hatte, wobei der Autor noch nicht einmal in der Lage war, diese kostbare Erfahrung zu beschreiben.

> *Ich weiß von einem Menschen in Christus, dass er vor vierzehn Jahren – ob im Leib, weiß ich nicht, oder außer dem Leib, weiß ich nicht; Gott weiß es –, dass dieser bis in den dritten Himmel entrückt wurde. Und ich weiß von dem betreffenden Menschen – ob im Leib oder außer dem Leib, weiß ich nicht; Gott weiß es –, dass er in das Paradies entrückt wurde und unaussprechliche Worte hörte, die auszusprechen einem Menschen nicht zusteht* (2 Kor 12,2-4).

Da der dritte Himmel nur einmal und ohne Beschreibung erwähnt wird, habe ich mich entschieden, diesen Begriff nicht leichtfertig zu verwenden. Ziehen Sie in Betracht, dass der dritte Himmel etwas Tiefgründiges sein muss – in der Hinsicht, dass er unbeschreiblich und ungewöhnlich ist und dass die entsprechende Erfahrung nur einmal in 14 Jahren vorkam. Obwohl wir zu diesen Erfahrungen und der himmlischen Dimension Zugang haben, ist der dritte Himmel laut Paulus etwas völlig anderes.

Beispiele für die unsichtbare Welt

1. Elisa und sein Diener

> *Da sagte er: Geht hin und seht, wo er ist! Ich werde hinsenden und ihn holen. Und es wurde ihm berichtet: Siehe, er ist in Dotan. Da sandte er Pferde und Kriegswagen dorthin und ein starkes Heer. Und sie kamen bei Nacht und umringten die Stadt. Und als der Diener des Mannes Gottes früh aufstand und hinausging, siehe, da umringte ein Heer die Stadt und Pferde und Kriegswagen. Und sein Diener sagte zu ihm: Ach, mein Herr! Was sollen wir tun? Er aber sagte: Fürchte dich nicht! Denn zahlreicher sind die, die bei uns sind, als die, die bei ihnen sind. Und Elisa betete und sagte: HERR, öffne doch seine Augen, dass er sieht! Da öffnete der HERR die Augen des Dieners, und er sah. Und siehe, der Berg war voll von feurigen Pferden und Kriegswagen um Elisa herum* (2 Kön 6,13-17).

In dieser Geschichte war Elisa während der Nacht von Heeren des Feindes umgeben worden. Als der Diener aufwachte und erkannte, dass sie umzingelt waren, war er voller Angst. Elisa dagegen war ruhig, gelassen und gefasst. Er wies seinen Diener an, er solle sich nicht fürchten, und informierte ihn darüber, dass auf ihrer Seite mehr Heere seien als auf der Seite des Feindes.

Elisa sah in die unsichtbare Welt des Geistes hinein. Er betete, dass auch sein Diener dazu in der Lage sein würde. **Der Diener empfing diese Gabe und konnte nun sehen, was Elisa sah.** Mein Freund Harald Eberle hat eine interessante Erkenntnis darüber, wie wir Dinge im Geist sehen, und wie Gott mit uns kommuniziert:

Um zu sehen, wie sich geistliche Dynamiken zu natürlichen Konsequenzen verhalten, brauchen Sie nur den Propheten Elisa und seinen Diener zu betrachten, als diese von den feindlichen Soldaten umgeben wurden. Als Elisa betete, dass die Augen seines Dieners für die geistliche Welt geöffnet werden sollten, sah dieser: *„Und siehe, der Berg war voll von feurigen Pferden und Kriegswagen um Elisa herum"* (2 Kön 6,17). Da er wusste, dass Gott mit ihm war, hatte Elisa keine Furcht. Er betete, dass Gott die Feinde mit Blindheit schlagen möge, und diese wurden sofort eine Zeit lang blind.

Diese Geschichte ist aufschlussreich in Bezug darauf, wie die geistliche Welt jemandem erscheint, der in sie hineinsehen kann. Gott kommuniziert durch Visionen. Er gebraucht Bilder, zu denen wir einen Bezug herstellen können, um uns mitzuteilen, was in der geistlichen Welt geschieht.

Was die Vision von Elisa und seinem Diener angeht, ist es schwer zu sagen, ob tatsächlich Pferde und Kriegswagen in der geistlichen Welt existierten oder ob die Pferde und Kriegswagen, die sie sahen, die Macht Gottes repräsentierten, die ihnen zur Verfügung stand, um sie zu verteidigen. Heutzutage wären Pferde und Kriegswagen keine sehr wirkungsvolle Repräsentation der Macht Gottes, denn eine moderne Militärmaschine wie ein Panzer könnte Tausende von Pferden und Kriegswagen vernichten. Wenn Gott uns heute seine Macht zeigen wollte, würde er uns vielleicht Armeen mit der allerneuesten und tödlichsten Ausrüstung zeigen.

Das offenbart, wie uns Realitäten in der geistlichen Welt in die natürliche Welt übermittelt werden. Es ist Bildern, die man im Traum sieht, sehr ähnlich. Es stecken wahrhaftige Botschaften hinter diesen geistlichen Bildern, aber die Bilder sind nur eine Form der Kommunikation.[1]

---

[1] Harold Eberle, *Victorious Eschatology* (Yakima, WA, Worldcast Pub., 2006), 156–157.

2. Daniel sieht in die geistliche Welt hinein

Daniels Leben war voll von unglaublichen geistlichen Erfahrungen. In Daniel 10 lesen wir, dass Daniel in die unsichtbare Welt hineinschaute, dass aber die Männer, die bei ihm waren, dazu nicht in der Lage waren. Er hatte kurz vorher eine Vision über einen kommenden Krieg gehabt und war darüber wochenlang beunruhigt. Eines Tages, als Daniel am Ufer des Flusses Tigris stand, fing er an, in die geistliche Welt hineinzusehen:

> *Und am 24. Tag des ersten Monats, da war ich am Ufer des großen Stromes, das ist der Hiddekel. Und ich erhob meine Augen und sah: Und siehe, da war ein Mann, in Leinen gekleidet, und seine Hüften waren umgürtet mit Gold von Ufas. Und sein Leib war wie ein Türkis und sein Gesicht wie das Aussehen eines Blitzes. Und seine Augen waren wie Feuerfackeln und seine Arme und seine Füße wie der Anblick von glatter Bronze. Und der Klang seiner Worte war wie der Klang einer Volksmenge. Aber nur ich, Daniel, allein sah die Erscheinung. Die Männer, die bei mir waren, sahen die Erscheinung nicht; doch fiel eine große Angst auf sie, und sie flohen und versteckten sich* (Dan 10,4-7).

Daniel sah, und obwohl die Männer nichts sehen konnten, spürten sie jedoch eine so mächtige Gegenwart, dass sie tatsächlich flohen und sich versteckten. Es ist fast unglaublich: Den einen Moment standen sie noch neben Daniel – und plötzlich hatten sie den überwältigenden Drang wegzulaufen und sich zu verstecken! Die Vision setzte sich fort, während Daniel dort alleine stand:

> *Und ich blieb allein übrig und sah diese große Erscheinung. Und es blieb keine Kraft in mir, und meine Gesichtsfarbe veränderte sich an mir bis zur Entstellung, und ich behielt keine Kraft. Und ich hörte den Klang seiner Worte. Und als ich den Klang seiner Worte hörte, lag ich betäubt auf meinem Gesicht, mit meinem Gesicht zur Erde. Und siehe, eine Hand rührte mich an und rüttelte mich auf, sodass ich wieder auf meine Knie und Handflächen kam. Und er sprach zu mir: Daniel, du vielgeliebter Mann! Achte auf die Worte, die ich zu dir rede, und steh an deinem Platz! Denn ich bin jetzt zu dir gesandt. Und als er dieses Wort mit mir redete, stand ich zitternd auf* (Dan 10,8-11).

Daniel schaffte es zu bleiben, um die Vision zu empfangen, aber er war körperlich überwältigt. Von außen betrachtet muss dies ein interessantes Geschehen gewesen sein. Hier steht Daniel mit einer Gruppe von Männern, die plötzlich mit furchtverzerrten Gesichtern davonrennen. Daniel ist der Einzige, der übrig bleibt, verliert dann die Gesichtsfarbe und fällt zu Boden. Zitternd richtet er sich wieder auf, doch im Physischen ist nichts zu erkennen, was all dies erklären könnte.

3. Der Apostel Johannes

Der Apostel Johannes stand unter religiöser Verfolgung und wurde ins Exil auf die Insel Patmos gesandt. Er schrieb, dass er am Tag des Herrn im Geist war (um besser zu verstehen, was es bedeutet „im Geist" zu sein, schauen Sie sich das 14. Kapitel näher an). Plötzlich wurde er in eine prophetische Erfahrung hineingeführt und konnte in die unsichtbare Welt hineinsehen.

> *Und ich wandte mich um, die Stimme zu sehen, die mit mir redete, und als ich mich umwandte, sah ich sieben goldene Leuchter, und inmitten der Leuchter einen, gleich einem Menschensohn, bekleidet mit einem bis zu den Füßen reichenden Gewand, und an der Brust umgürtet mit einem goldenen Gürtel, sein Haupt aber und die Haare waren weiß wie weiße Wolle, wie Schnee, und seine Augen wie eine Feuerflamme, und seine Füße gleich glänzendem Erz, als glühten sie im Ofen, und seine Stimme wie das Rauschen vieler Wasser, und er hatte in seiner rechten Hand sieben Sterne, und aus seinem Mund ging ein zweischneidiges, scharfes Schwert hervor, und sein Angesicht war, wie die Sonne leuchtet in ihrer Kraft.*
> *Und als ich ihn sah, fiel ich zu seinen Füßen wie tot. Und er legte seine Rechte auf mich und sprach: Fürchte dich nicht! Ich bin der Erste und der Letzte und der Lebendige, und ich war tot, und siehe, ich bin lebendig von Ewigkeit zu Ewigkeit und habe die Schlüssel des Todes und des Hades* (Offb 1,12-18).

Wenn es hier heißt, dass Johannes „zu Boden fiel wie tot", fiel sein Körper tatsächlich im physischen Bereich zu Boden. Während er in der physischen Dimension stand und vor sich eine Vision in der geistlichen Dimension sah, hatte dies körperliche Auswirkungen auf ihn. In Offenbarung 1 bis 3 befand sich Johannes in seinem physischen Körper und sah gleichzeitig eine Vision mit seinen geistlichen Augen. Seinen Körper verlässt Johannes erst zu Beginn des 4. Kapitels. In Offenbarung 4 ruft Gott Johannes nach oben und von der Erde weg: *„Komm hier herauf"* (Offb 4,1), und was er dort erlebt, ist eine außerkörperliche Erfahrung.

4. Bileam und sein Esel

Diese ist eine der mysteriösesten Geschichten im 4. Buch Mose. Bileam, der Prophet, rebellierte gegen das Wort des Herrn. Er war mit seiner Eselin unterwegs und zwei seiner Diener reisten mit ihm. Das Wort Gottes sagt uns, dass Bileams Eselin in die geistliche Welt hineinschaute und den Engel des Herrn mit gezücktem Schwert auf dem Weg stehen sah. Die Eselin drehte sich weg, um sich zu schützen, aber Bileam, der wegen seines Ungehorsams nicht merkte, was los war, wurde wütend auf sie. Er fing an, die Eselin zu schlagen, damit sie doch die Straße weiter entlanggehen würde. Das Tier sah den Engel noch einmal und versuchte sich zu schützen, indem es sich an die Wand drückte und dabei Bileams Fuß zerquetschte. Bileam schlug die Eselin noch einmal. Diese sah den Engel zum dritten Mal und setzte sich diesmal einfach unter Bileam auf den Boden. Bileam wurde wieder wütend und schlug die Eselin erneut.

> *Und Bileam machte sich am Morgen auf und sattelte seine Eselin und ging mit den Obersten von Moab. Da entbrannte der Zorn Gottes, dass er ging. Und der Engel des HERRN stellte sich in den Weg, um ihm entgegenzutreten. Er aber ritt auf seiner Eselin, und seine beiden Diener waren bei ihm. Und* ***die Eselin sah den Engel des HERRN*** *mit seinem gezückten Schwert in seiner Hand auf dem Weg stehen, und die Eselin wich vom Weg ab und ging auf dem Feld weiter; und Bileam schlug die Eselin, um sie wieder auf den Weg zu lenken. Da trat der Engel des HERRN in einen Hohlweg zwischen den Weinbergen; eine Mauer war auf der einen und eine Mauer auf der andern Seite. Und* ***die Eselin sah den Engel des HERRN*** *und drückte sich an die*

> *Wand und drückte den Fuß Bileams an die Wand; und er schlug sie noch einmal. Da ging der Engel des HERRN noch einmal weiter und trat an eine enge Stelle, wo kein Weg war, um auszuweichen, weder zur Rechten noch zur Linken. Und als* ***die Eselin den Engel des HERRN sah****, legte sie sich hin unter Bileam. Da entbrannte der Zorn Bileams, und er schlug die Eselin mit dem Stock* (4 Mose 22,21-27).

Die Geschichte wird wirklich merkwürdig, als Gott der Eselin eine vorübergehende Fähigkeit zu sprechen verleiht. Die Eselin fragt, warum Bileam sie schlage, worauf Bileam antwortet, er fühle sich von der Eselin genarrt. Aus Unverstand erwidert er, er würde, wenn er ein Schwert hätte, seine sprechende Eselin töten. Die Eselin gibt ihm zu verstehen, dass sie sich nie zuvor so verhalten hat; und Bileam muss zugeben, dass dies stimmt. Plötzlich öffnet Gott Bileams Augen für die geistliche Welt. Dort in der unsichtbaren Dimension steht der Engel, der gesandt worden war, um ihn zu töten. Der Engel spricht zu Bileam, dass er ihn umgebracht und die Eselin am Leben gelassen hätte, wenn diese nicht ausgewichen wäre.

> *Da öffnete der HERR den Mund der Eselin, und sie sagte zu Bileam: Was habe ich dir getan, dass du mich nun schon dreimal geschlagen hast? Bileam sagte zu der Eselin: Weil du Mutwillen mit mir getrieben hast. Hätte ich doch ein Schwert in meiner Hand! Gewiss hätte ich dich jetzt erschlagen! Und die Eselin sagte zu Bileam: Bin ich nicht deine Eselin, auf der du geritten bist von jeher bis zum heutigen Tag? War es je meine Gewohnheit, dir so etwas zu tun? Und er sagte: Nein. Da enthüllte der HERR die Augen Bileams, und er sah den Engel des HERRN mit seinem gezückten Schwert in seiner Hand auf dem Weg stehen; und er neigte sich und fiel nieder auf sein Angesicht. Und der Engel des HERRN sprach zu ihm: Warum hast du deine Eselin nun schon dreimal geschlagen? Siehe, ich selbst bin ausgegangen, um dir entgegenzutreten, denn der Weg stürzt dich ins Verderben vor mir. Und die Eselin sah mich und wich vor mir aus, nun schon dreimal. Wenn sie nicht vor mir ausgewichen wäre, dann hätte ich dich jetzt auch erschlagen, sie aber am Leben gelassen* (4 Mose 22,28-33).

Dies eröffnet eine Diskussion über Tiere und die geistliche Welt. Pastor Roland Buck, der Autor des Klassikers *Begegnungen mit Engeln,* berichtet in diesem Buch von seinem Hund, der die geistliche Welt wahrnehmen kann:

> Queenie, meine Hündin, eine reinrassige deutsche Dogge, „bellte" leise und drückte ihre nasse Nase an mein Gesicht. Es war zwei Uhr nachts. Mir war inzwischen klar, was bevorstand. Auf diese Weise weckt sie mich auf, wenn sie Besuche von Engeln im Haus wahrnimmt.[2]

Vielleicht hatte Bileams Eselin ein erhöhtes Bewusstsein für geistliche Wesen, weil sie über einen längeren Zeitraum der Salbung Bileams ausgesetzt war, oder vielleicht ist es allgemein so, dass Tiere sich der geistlichen Welt bewusst sind.

Anhand dieser Auswahl an Bibelstellen sehen wir, dass viele biblische Personen mit der unsichtbaren Welt in Beziehung getreten sind und Erfahrungen mit ihr gemacht haben. Als neutestamentliche Gläubige haben auch wir Zugang zu dieser Dimension und sollten sie in unserem Leben erfahren.

Abschließende Gedanken

Es gibt viele Meinungen darüber, ob die geistliche Welt gut oder böse ist, aber wenn wir in die Bibel schauen, finden wir heraus, dass sowohl Engel als auch Dämonen in dieser Dimension aktiv sind. Sogar Jesus ist Daniel und Johannes in dieser Dimension erschienen. **Die unsichtbare Welt ist weder gut noch böse,** genauso wie die physische Welt weder gut noch böse ist. Beide sind lediglich eine Existenzebene. Genauso wie in der physischen können die Wesen in der geistlichen Dimension gut oder böse sein. Wenn man behauptet, dass alles in der unsichtbaren Welt (oder im zweiten Himmel) dämonisch sei, ist das nicht biblisch, und wir würden uns eines legitimen Weges berauben, wie Gott zu uns spricht. Da wir nicht dauernd in dem Bewusstsein der geistlichen Welt leben,

---

[2] Roland Buck und Charles F. Hunter, *Begegnungen mit Engeln,* Lüdenscheid 2010.

müssen wir die Gabe der Unterscheidung anwenden, wenn wir mit dieser Welt in Beziehung treten.

Aktivierung I

Drücken Sie dieses Gebet mit eigenen Worten aus:

> *Herr,*
> *ich möchte mit dem Himmel kommunizieren können. Ich bitte dich, dass du die unsichtbare Welt für mich öffnest. Herr, nimm bitte jegliche Angst aus meinem Herzen – Angst vor dem Unsichtbaren und Angst vor geistlichen Begegnungen. Herr, ich möchte alle geistlichen Segnungen empfangen, die du für mich bereithältst. Bereitwillig öffne ich mich deinen vielfältigen Kommunikationsformen.*

Aktivierung II

Diese Übung benötigt möglicherweise etwas mehr Zeit.

Erstens bitten Sie den Herrn, dass er Ihnen einen Freund oder ein Familienmitglied in den Sinn kommen lässt.

Zweitens bitten Sie den Herrn, dass er Ihnen zeigt, was sich im geistlichen Bereich um oder über der Person befindet. Dies könnte ein Engel sein, der neben ihr steht, oder Jesus, eine dämonische Präsenz, eine Frucht des Heiligen Geistes, Gegenstände wie Waffen oder Ketten oder eine besondere Bekleidung wie eine Waffenrüstung oder Stammestracht usw.

Drittens bitten Sie den Herrn um Erkenntnis in Bezug auf das, was Sie sehen, und wie sie dieses in ein Wort der Ermutigung für den Einzelnen umformen können.

Viertens schreiben Sie in Briefform für diese Person auf, was Sie gesehen haben und was es bedeutet.

Am Ende des 8. Kapitels („Unterscheidung der Geister") werden wir auf diesen Brief zurückkommen.

KAPITEL 7

Fragen zur Dimension der Engel

Es gibt buchstäblich Hunderte von Büchern, die über Engel geschrieben worden sind. Ich habe Dutzende davon gelesen. Mein Ziel für dieses Buch ist, Ihnen eine neue Perspektive über uralte Wahrheiten zu geben. Dabei werde ich mich in diesem Kapitel eher auf schwierige, ungewöhnliche und sogar kontroverse Fragen über Engel beschränken, anstatt grundlegende Fragen zu wiederholen, die in fast jedem Buch zu diesem Thema behandelt werden (wie zum Beispiel: Wie sehen Engel aus? Wie viele Engel gibt es? Gibt es böse Engel?).

Frage: Sehen Sie ununterbrochen Engel?

Antwort: Wie bei allen Gaben des Heiligen Geistes müssen wir im Glauben Schritte tun, um diese Gabe zu aktivieren. Während es vorkommen kann, dass der Heilige Geist souverän wirkt, um jemanden zu heilen, müssen wir meistens unseren Glauben einsetzen. Jesus hat oft zum Beispiel einen Akt des Gehorsams befohlen, um Glauben für Heilung zu aktivieren. Zum Beispiel sagte er: „Geh hin und zeige dich dem Priester", „Geh hin und wasche dir den Schlamm aus den Augen" oder „Nimm dein Bett auf und geh umher". In jedem dieser Fälle geschah die körperliche Heilung, nachdem die Person im Glauben reagiert und dem Befehl gehorcht hatte.

Wenn der Heilige Geist ein prophetisches Wort gibt, müssen wir uns aktiv daran beteiligen, indem wir mit dem Geist kooperieren und das Wort weitergeben. Wenn Sie im Glauben handeln, treten Sie in die Dimension des Reiches Gottes ein: Heilung, Prophetie, Wunder, Unterscheidung der Geister und so weiter. Ich sehe nicht ständig in die geistliche Welt hinein, aber ich kann meinen Glauben aktivieren, und ich weiß, dass der Heilige Geist auf meinen Glauben reagieren wird, sodass die Gabe der Unterscheidung der Geister durch mich wirksam wird.

Frage: Sehen Sie Engel in derselben Weise, wie sie andere Menschen sehen?

Antwort: Wenn ich Engel sehe, sehe ich sie so ähnlich wie Elisa, Bileam oder Bileams Eselin. Ich sehe sie so, als würden sie die natürliche Welt überlagern. Ich sehe sie nicht so deutlich wie einen Menschen aus Fleisch und Blut, aber meine geistlichen Augen nehmen sie wahr.

Wie wir bereits im Kapitel über die geistliche Welt gelernt haben, gibt es Beispiele in der Bibel, bei denen ein Individuum ein Engelswesen sieht, während andere, die danebenstehen, es nicht sehen konnten.

Frage: Wenn man in die geistliche Welt sehen kann, bedeutet das, dass man auch das Dämonische sieht?

Antwort: Ja. Sobald Ihre Augen geöffnet und Sie in der Lage sind zu sehen, sollten Sie auch fähig sein, die geistlichen Wurzeln von Krankheiten zu erkennen, vielleicht auch Vorkommnisse aus der Vergangenheit eines Menschen oder manchmal sogar die Präsenz von dämonischen Mächten. Das ist eine gute Sache, denn wenn wir in der Vollmacht Jesu Christi wandeln und dabei dem Dämonischen begegnen, können wir mit ihm kurzen Prozess machen und das Reich Gottes vorantreiben.

Ich habe mit vielen Menschen gesprochen, die zuerst den Bereich der Finsternis wahrgenommen haben, bevor sie anfingen, Engel und den Bereich des Lichtes zu sehen. Ich habe keine Erklärung dafür, aber ein paar spekulative Theorien.

Zunächst einmal ist der Unterhaltungssektor in unserer Kultur voller Horror und Gewalt. Dadurch sind die geistlichen Augen vieler beschmutzt worden. Sie müssen erst darüber Buße tun, damit eine Reinigung geschehen kann.

Zweitens mag ein Totengeist wegen eines Generationsfluches über einer Familie oder einem Individuum lagern. Dieser kann durch das Blut Jesu Christi gebrochen werden.

Drittens widersteht Satan der Gabe der Unterscheidung der Geister in vollem Maße. Wenn er einen Menschen davon abhalten kann, seine Gabe einzusetzen, ist dies für ihn ein Erfolg. Während Sie an Reife zunehmen und weiter in Ihrer Begabung wachsen, werden sich auch die anderen Bereiche der Unterscheidung für Sie auftun.

Frage: Gibt es weibliche Engel?

Antwort: In der Bibel gibt es keine Stelle, die darauf hinweist, dass ein Engel weiblich wäre. Dies ist ein wichtiger Punkt, denn die New-Age-Bewegung hat viel Verwirrung darüber in den Leib Christi in der westlichen Welt gebracht. Engel werden gewöhnlich weiblich oder in Form eines dicken Engelchens (Putte) mit Pfeil und Bogen in der Hand dargestellt, was beides unbiblisch ist.

Es gibt in der Bibel weibliche geistliche Wesen, wie sie zum Beispiel im Buch Sacharja 5,5-11 erwähnt werden. Von diesen Versen ausgehend, wird üblicherweise gelehrt, dass es weibliche Engel gäbe. Aber wenn wir diesen Abschnitt sorgfältig studieren, sehen wir, dass diese Wesen niemals als Engel bezeichnet werden.

> *Und der Engel, der mit mir redete, trat hervor und sprach zu mir: Heb doch deine Augen auf und sieh! Was ist dies da, das da hervorkommt? Ich sagte: Was ist es? Und er sprach: Dies ist das Efa, das hervorkommt. Und er sprach: Das ist ihr Aussehen im ganzen Land. Und siehe, ein runder Bleideckel hob sich; und da war eine Frau, die saß mitten im Efa. Und er sprach: Dies ist die Gottlosigkeit. Und er warf sie wieder mitten in das Efa hinein und warf den Bleideckel auf dessen Öffnung. Und ich hob meine Augen auf und sah: Und siehe, da kamen zwei Frauen hervor, und Wind war in ihren Flügeln, und sie hatten Flügel*

wie Flügel des Storches; und sie hoben das Efa empor zwischen die Erde und den Himmel. Und ich sagte zu dem Engel, der mit mir redete: Wohin bringen diese das Efa? Und er sprach zu mir: Um ihm ein Haus zu bauen im Land Schinar. Und ist dieses aufgestellt, wird das Efa auf seine Stelle hingestellt (Sach 5,5-11).

Der Engel, der neben Sacharja in seiner Vision stand, wird als männlich beschrieben. Dann sieht er zwei Frauen mit Flügeln wie die eines Storches erscheinen und davonfliegen.

Die erste verkehrte Annahme ist, Engel hätten üblicherweise Flügel und deshalb müssten diese Wesen Engel sein. In der Bibel werden Serafime (vgl. Jes 6,2) und Cherubime (vgl. Hes 10,8) eindeutig als mit Flügeln beschrieben, aber sie gehören zu einer anderen Kategorie von Wesen, nicht zu den Engeln. Engel bilden eine spezifische Kategorie und Wesensart und dürfen nicht mit anderen geistlichen Wesen wie Cherubimen, Serafimen, den vier lebendigen Wesen (vgl. Offb 4,8) oder den sieben Geistern Gottes (vgl. Jes 11; Offb 4,5) durcheinandergebracht werden. Wenn Sie die vielen Schriftstellen in der Bibel über Engel betrachten, werden Sie feststellen, dass die Mehrzahl von ihnen wie Menschen aussahen (ohne Flügel). In Hebräer 13,2 heißt es: *„Die Gastfreundschaft vergesst nicht! Denn dadurch haben einige, ohne es zu wissen, Engel beherbergt."* Wenn alle Engel große Hollywoodflügel hätten, ergäbe dieser Vers keinen Sinn.

Ein interessantes Detail ist, dass Sacharja die Flügel so beschreibt, als seien sie Storchenflügel. Nirgendwo sonst steht in der Bibel, dass Engel Flügel wie Störche hätten. Hätte Sacharja vermitteln wollen, dass diese beiden Frauen Engel waren, hätte er ja sagen können, dass sie Flügel wie Engel hatten. Stattdessen entschloss er sich, sie völlig einzigartig in seiner Vision zu beschreiben. Außerdem sei erwähnt, dass Gott den Israeliten mitgeteilt hatte, der Storch sei ein unreines und verabscheuungswürdiges Tier, weshalb diese Vision ein negatives Bild darstellte (vgl. 3 Mose 11,9).

Könnte es sein, dass Sacharja verwirrt war – vielleicht hatte er ja niemals einen Engel gesehen oder wusste nicht, dass es weibliche Engel waren? Dies ist eine unzulässige Behauptung, weil er während dieser Begegnung neben einem Engel steht. Wenn wir uns sein ganzes Buch anschauen, ist Sacharja nicht unwissend, was die Dimension der Engel angeht. Sacharja hätte sicherlich den Einblick gehabt, um sagen zu können, dass zwei weibliche Engel in einer Vision erschienen, aber stattdessen beschrieb er, was er in dieser interessanten Vision tatsächlich sah: zwei Frauen, die Flügel wie Störche hatten.

In der Bibel gibt es also keinen direkten Hinweis für einen Engel, der in weiblicher Form erscheint, aber es gibt viele Stellen, in denen weibliche geistliche Wesen beschrieben werden. Diese Beispiele schließen die beiden Frauen in Sacharja 5 mit ein, die Frau und den Drachen in Offenbarung 12, die Hure Babylons in Offenbarung 17 und den Geist der Weisheit, der im Buch der Sprüche ein weibliches Geschlecht hat (vgl. Sprüche 1,20-33; 4,5-9; 8; 9).

Frage: Haben Engel ein Geschlecht?

Antwort: Lassen Sie uns eine Schriftstelle anschauen, die häufig dafür benutzt wird, um zu behaupten, dass Engel kein Geschlecht hätten:

> *An jenem Tag kamen Sadduzäer zu ihm, die da sagen, es gebe keine Auferstehung, und sie fragten ihn und sprachen: Lehrer, Mose hat gesagt: Wenn jemand stirbt und keine Kinder hat, so soll sein Bruder seine Frau heiraten und soll seinem Bruder Nachkommenschaft erwecken. Es waren aber bei uns sieben Brüder. Und der erste heiratete und starb; und weil er keine Nachkommenschaft hatte, hinterließ er seine Frau seinem Bruder. Ebenso der zweite und der dritte, bis auf den siebten. Zuletzt aber von allen starb die Frau. Wessen Frau von den sieben wird sie nun in der Auferstehung sein? Denn alle hatten sie. Jesus aber antwortete und sprach zu ihnen: Ihr irrt, weil ihr die Schriften nicht kennt, noch die Kraft Gottes;* ***denn in der Auferstehung heiraten sie nicht, noch werden sie verheiratet, sondern sie sind wie Engel im Himmel.*** *Was aber die Auferstehung der Toten betrifft: Habt ihr nicht gelesen, was zu euch geredet ist von Gott, der da spricht: Ich bin der Gott Abrahams und der Gott Isaaks und der Gott Jakobs? Gott ist nicht der Gott der Toten, sondern von den Lebenden. Und als die Volksmengen es hörten, erstaunten sie über seine Lehre* (Mt 22,23-33).

Viele haben die Aussage dieses Verses so weit gefasst, dass Engel ohne Geschlecht seien, da sie weder heiraten noch verheiratet sein werden. Was aber sagt der Vers nun wirklich aus? Als Jesus erklärt, dass Menschen wie Engel im Himmel bei der Auferstehung sein werden, was hat das mit Geschlecht zu tun? Wenn wir glauben sollen, dass Engel geschlechtslos seien, und wir wie sie sein werden, wären wir dann, sobald wir auferstanden sind, ebenfalls ohne Geschlecht? Offensichtlich nicht!

Beachten Sie, dass jede einzelne von den Hunderten von Schriftstellen Engel als maskulin darstellen. Den Schluss zu ziehen, dass Engel geschlechtslos seien und aus diesem Grund auch nicht heiraten, wäre genauso, als sagten wir von Menschen, die die Gabe der Ehelosigkeit haben, sie seien geschlechtslos (vgl. 1 Kor 7,7) und heirateten deshalb nicht. Einige sind sogar so weit gegangen anzunehmen, Engel seien geschlechtslos, da sie sich ja nicht fortpflanzen. **Die Wahrheit ist jedoch, dass Engel keine Rasse sind, sondern individuelle Schöpfungen,** und sich deshalb nicht fortpflanzen.

Nehmen wir einmal an, dass wir die Bedeutung in anderer Weise überstrapazieren und somit behaupten: Da jede Bibelstelle zeigt, dass Engel maskulin sind und wir wie sie sein werden, werden alle Frauen in der Auferstehung sich in Männer verwandeln. Ganz sicher würde niemand dies als ein stichhaltiges Argument ansehen.

Als Jesus darüber spricht, dass wir wie die Engel sein werden, ging es ihm wohl um offensichtlichere Folgerungen, wie z. B. dass wir ewiges Leben, verherrlichte Körper und einen sündlosen Lebenswandel haben werden. Vielleicht hat Jesus lediglich ihre Frage beantwortet, die nichts mit dem Geschlecht von Engeln zu tun hatte. Möglicherweise wollte er sagen, dass wir im himmlischen Reich wie die Engel leben werden und nicht mehr die Schwierigkeiten und Komplikationen des Lebens auf der Erde wie Tod, Ehe und Wiederheirat haben werden.

Frage: Was ist eine typische körperliche Reaktion auf eine Begegnung mit einem Engel?

Antwort: Ich glaube, dass jeder anders reagiert. Ich möchte dazu etwas aus *Angels, Elect and Evil* (Engel, Auserwählte und Böse) von Fred Dickason, einem meiner Lieblingsbücher über Engel, zitieren:

> Wenn Engel erscheinen, hat ihre Gegenwart unterschiedliche Auswirkungen auf Menschen. Bei Joseph wurden keine besonderen Auswirkungen festgehalten, außer dass der Engel seine menschlichen Sorgen über Maria zerstreute und dass Josephs Gehorsam gegenüber dem Willen Gottes eindeutig zum Ausdruck kam (vgl. Mt 1,18-25).
>
> Maria war geistig und emotional aufgewühlt, als der Engel Gabriel ihr die Neuigkeit der Jungfrauengeburt Christi verkündete. Trotzdem unterhielt sie sich mit ihm und nahm seine Botschaft als eine Botschaft von Gott an (vgl. Lk 1,29,34,38). Zacharias war beunruhigt und wurde von Furcht ergriffen, als ihm der Engel im Tempel begegnete (vgl. Lk 1,12). Die Hirten, denen die Engelbotschafter die Geburt Jesu Christi verkündeten, hatten zuerst große Furcht (vgl. Lk 2,9), aber sie untersuchten die Botschaft ganz sachlich und staunten über sie (vgl. Lk 2,15-18).
>
> Psychische und körperliche Schwäche kann das Resultat der Gegenwart von Engeln sein, manchmal auch von einem völligen Fassungsverlust begleitet. Betrachten Sie die römischen Wachen, die den Engel beim Wegrollen des Steines von Jesu Grab sahen. Sie zitterten vor Furcht und waren wie tot (vgl. Mt 28,4). Als Daniel eine ungewöhnliche menschenähnliche Kreatur von leuchtender Erscheinung sah, verließ ihn alle Stärke und Ansehnlichkeit (vgl. Dan 10,8). Sogar jene, die die Vision selbst nicht sahen, zitterten sehr. Seltsame Empfindungen brachten sie dazu, von Daniel wegzurennen. Es kann auch sein, dass Gott manchmal zulässt, dass Tiere Engel sehen und zögern, sich fortzubewegen, oder hinfallen, so wie die Eselin von Bileam (vgl. 3 Mose 22,26-28,31).[1]

[1] C. Fred Dickason, *Angels, Elect and Evil* (Chicago, IL: Moody Press, 1975), 37.

Frage: Warum ist Jesus nicht für die Sünden gefallener Engel gestorben?

Antwort: Viele Theologen sagen, dass der Hauptunterschied zwischen Menschen und Engeln darin besteht, dass Engel keine Rasse sind. Menschen sind eine Rasse; wir vermehren uns, wir sterben, und durch unsere Adern fließt Blut. Als Jesus kam, um für unsere Sünden zu sterben, wurde er ein Teil der menschlichen Rasse, so teilt es uns der Philipperbrief mit. Römer 5 spricht davon, dass Jesus eine neue Blutlinie hervorgebracht hat. Auf der Erde gibt es derzeit zwei Rassen: diejenigen, die sich in der Blutlinie Adams, dem gefallenen ersten Menschen, befinden, und jene, die sich in der Blutlinie des letzten Adams, Jesus Christus, befinden (vgl. 1 Kor 15,44-49). Deshalb sind wir neue Kreaturen, und deshalb spricht 2. Petrus 1,4 davon, dass wir Teilhaber der göttlichen Natur werden. Da wir eine Rasse sind, konnte Jesus einmal für alle sterben (vgl. Hebr 10,10) und eine neue Rasse hervorbringen.

Jeder Engel jedoch ist eine individuelle Schöpfung. Sie haben keine Blutlinie (vielleicht haben sie noch nicht einmal Blut) und sie vermehren sich nicht. Wollte Jesus für ihre Sünden sterben, so müsste er für jeden gefallenen Engel individuell sterben, also wohl viele Millionen Male, um für jeden gestorben und auferstanden zu sein.

Frage: Ist es unausgewogen, sich so sehr mit Engeln zu beschäftigen?

Antwort: Ich habe an diesem Buch viele Jahre geschrieben, und manchmal habe ich mich komisch gefühlt, dass ich so viel über die geistliche Welt und Engel schreibe. Tatsächlich hat es in bestimmten Gemeindekreisen einen Aufschrei gegen die prophetische Bewegung und ihre klare Lehre über die Welt der Engel gegeben. Daraufhin habe ich den Herrn gefragt, ob wir aus dem Gleichgewicht geraten wären, weil wir über Engel sprechen und unsere Aufmerksamkeit auf sie richten. Die Antwort, die ich vom Herrn erhielt, überraschte mich.

Im Wesentlichen hat der Herr mir gezeigt, dass diejenigen, die ein Problem damit haben, wenn über Engel und die geistliche

Welt gesprochen wird, eigentlich nicht genau verstanden haben, was einen Christen ausmacht. Der Herr führte mich zu Hebräer 1.

> *Und er ist um so viel erhabener geworden als die Engel, wie er einen vorzüglicheren Namen vor ihnen ererbt hat. Denn zu welchem der Engel hat er jemals gesagt:* ***„Mein Sohn bist du, ich habe dich heute gezeugt"? Und wiederum: „Ich werde ihm Vater und er wird mir Sohn sein"?*** *Wenn er aber den Erstgeborenen wieder in den Erdkreis einführt, spricht er:* ***„Und alle Engel Gottes sollen ihn anbeten!"*** *Und von den Engeln zwar spricht er:* ***„Der seine Engel zu Winden gemacht und seine Diener zu einer Feuerflamme",*** *von dem Sohn aber:* ***„Dein Thron, o Gott, ist von Ewigkeit, und das Zepter deines Reiches, du hast Gerechtigkeit geliebt und Gesetzlosigkeit gehasst, darum hat dich, o Gott, dein Gott gesalbt mit Freudenöl vor deinen Gefährten. Und Du, Herr, hast im Anfang die Erde gegründet, und die Himmel sind Werke deiner Hände; sie werden untergehen, du aber bleibst; und sie werden alle veralten wie ein Kleid, und wie einen Mantel wirst du sie zusammenrollen, wie ein Kleid, und sie werden verwandelt werden. Du aber bist derselbe, und deine Jahre werden nicht aufhören."*** *Zu welchem der Engel aber hat er jemals gesagt:* ***„Setze dich zu meiner Rechten, bis ich deine Feinde hinlege als Schemel deiner Füße"?*** *Sind sie nicht alle dienstbare Geister, ausgesandt zum Dienst um derer willen, die das Heil erben sollen?* (Hebr 1,4-14).

Der Leib Christi versteht, dass Jesus größer und höher ist als die Engel, aber es gibt Verwirrung darüber, ob wir höher gestellt sind als die Engel oder umgekehrt. Die Antwort ist einfach: Wenn Sie in Christus sind, dann sind Sie höhergestellt als die Engel. Wir sollen „verborgen mit dem Christus in Gott" sein (vgl. Kol 3,3), und wenn wir in ihm bleiben, bleibt er auch in uns (Joh 15,4). Christus ist höher als die Engel und wir sind in ihm; somit befinden wir uns in einer höheren Stellung als die Engel.

Einige weitere Schriftstellen erhellen ebenfalls die Auffassung, dass Engel niedriger gestellt sind als Gläubige. Der Apostel Paulus teilt uns mit, dass wir Engel richten werden: *„Wisst ihr nicht, dass wir Engel richten werden, wie viel mehr über Alltägliches?"*

(1 Kor 6,3). Der Hebräerbrief weist uns darauf hin, dass die Engel ausgesandt worden sind, um den Gläubigen zu dienen: *„Sind sie nicht alle dienstbare Geister, ausgesandt zum Dienst um derer willen, die das Heil erben sollen?"* (Hebr 1,14). Wenn dies der Fall ist, ziehen Sie die Worte Jesu in Betracht: *„Ein Sklave ist nicht größer als sein Herr"* (Joh 15,20). Dies sind natürlich nur Beispiele unter vielen Versen, die aufzeigen, dass die Engel im Königreich des Himmels keine höhere Position als die Gläubigen einnehmen. Wenn es uns abstößt, dass jemand Engel verstehen möchte, die einen niedrigeren Platz einnehmen, dann haben wir das Reich Gottes, zu dem wir gehören, sicherlich nicht begriffen.

Christen müssen aufhören, so sehr davon beeindruckt zu sein, wenn jemand behauptet, einen Engel gesehen zu haben, und stattdessen erkennen, dass jedes Mal, wenn wir einen Gläubigen sehen, wir ein Wesen mit göttlicher Natur anschauen (vgl. 2 Petr 1,4). Ein Christ hat viel größeres Format als jeder Engel. Wenn ich einen anderen Gläubigen anschaue, sehe ich buchstäblich das einzige Wesen an, dem jemals der *Sinn Christi* verliehen worden ist (1 Kor 2,16). Nach der Bibel ist es in der Tat so, dass uns ein solch tiefer Einblick in das Königreich des Himmels verliehen wurde, *„dass sogar die Engel den tiefen Wunsch haben, mehr darüber zu erfahren"* (1 Petr 1,12 NGÜ). Ein Gläubiger befindet sich gleichzeitig in drei Welten, weil er sowohl in der physischen Welt als auch in der geistlichen und der himmlischen Welt mit Christus existiert (vgl. Eph 2,6).

Bedenken Sie Folgendes: Am Anfang existierte nur Gott; dann, zu irgendeinem Zeitpunkt, schuf er die Engel. Das war Gottes erster Schöpfungsakt. Dann hat Gott die Erde und ihre Bewohner geschaffen: Das war Gottes zweiter Schöpfungsakt. Der dritte und jüngste Schöpfungsakt in der vergangenen Ewigkeit fand statt, als Christus durch seine Blutlinie neue Kreaturen in Christus Jesus hervorgebracht hat (vgl. 2 Kor 5,17). Sie – als neue Schöpfung in Christus – sind buchstäblich die jüngste Schöpfung Gottes der gesamten Geschichte, und somit sind wir das einzig Neue auf diesem alten Planeten. Wir sind als Botschafter, Priester, Könige und Sprachrohre Gottes auf diesen Planeten gestellt, um ihn zu formen und umzuwandeln, bis Gott wiederkommt und seinen vierten und letzten Schöpfungsakt vollzieht, wobei er uns einen neuen Himmel und eine neue Erde gibt, die für solch faszinierende neue Kreaturen viel angemessener ist, um dort auf ewig mit Gott zusammenzuleben.

Solange sich unsere Perspektive nicht ändert und wir uns selbst und andere in rechter Weise durch die Augen Gottes sehen, werden wir weiterhin über die Maßen von Menschen beeindruckt sein, die Engel gesehen haben und in der geistlichen Welt wirksam sind. Die geistliche Welt muss entmystifiziert und vom Durchschnitts-Christen verstanden werden, wobei wir in Erinnerung behalten wollen, dass der durchschnittliche Christ weitaus erstaunlicher ist, als man uns glauben machen wollte.

Ein abschließendes Wort

In diesem Kapitel habe ich acht sehr schwierige und interessante Fragen beantwortet, was die Welt der Engel angeht. Vielleicht habe ich dabei sogar noch mehr Fragen aufgeworfen, während Sie dieses Kapitel gelesen haben. Wie schon gesagt, war mein Ziel nicht, jede Frage über Engel zu beantworten; dieses Buch ist kein tiefgehendes Lehrbuch über Engel. Ich wollte lediglich, dass Sie als Leser neugierig auf dieses Thema werden und mehr darüber nachdenken. Es ist auch in Ordnung, wenn Sie mit meinen Antworten nicht übereinstimmen. Ich habe versucht, nicht gemäß meinen persönlichen Vorlieben zu antworten, sondern wollte meine Antworten auf ein biblisches Fundament gründen. Wenn Sie noch mehr darüber erfahren möchten, was die Bibel über Engel lehrt, empfehle ich vor allem das Buch *Angels, Elect and Evil* (Engel, Auserwählte und Böse) von Fred Dickason.[1]

[1] Vgl. auch: Judith MacNutt, *Wesen und Wirken der Engel,* Bruchsal 2013 (Anm. d. Hrsg.)

TEIL II

Geistliches Sehvermögen

Kapitel 8

Unterscheidung der Geister

Die Gabe der Unterscheidung der Geister ist die am meisten missverstandene aller geistlichen Gaben. Wegen der Verwirrung, die diese Gabe umgibt, benötigen wir klare biblische Lehre über sie. Die Gabe der Unterscheidung der Geister und die natürliche Fähigkeit der Unterscheidung sind nicht dasselbe. Es gibt viele Menschen, die eine hohe Sensibilität im natürlichen oder emotionalen Bereich haben. Das kann sogar dadurch erlernt werden, dass man sich seines eigenen emotionalen Zustands besser bewusst ist, wie es Daniel Goleman in seinem wegweisenden Werk *Emotionale Intelligenz* erklärt.[1]

Der Unterschied zwischen natürlichen Fähigkeiten und den neun Geistesgaben, die in 1. Korinther 12 aufgelistet sind, ist der, dass Geistesgaben von ihrem Wesen her übernatürlich sind. Zum Beispiel ist ein „Wort der Erkenntnis" etwas Übernatürliches und nicht etwas, das durch natürliche Mittel erlangt werden könnte. Dasselbe trifft auf die übernatürliche Gabe der Heilung zu; sie hebt die Gesetze der natürlichen Welt auf. Dies gilt für alle neun Gaben, aber im Moment konzentrieren wir uns auf die Gabe der Unterscheidung der Geister.

[1] Daniel Goleman, *Emotionale Intelligenz*, München 1995.

In unserer Kultur haben wir akzeptiert, dass jemand sehr feinfühlig sein kann, aber dies ist eine natürliche intuitive Fähigkeit. Die geistliche Gabe in 1. Korinther 12 dagegen ist etwas Einzigartiges. Es gibt einen Zusammenhang zwischen natürlicher und übernatürlicher Unterscheidungsfähigkeit: Beide informieren eine Person darüber, was in der Atmosphäre oder Umgebung um sie herum vor sich geht. Natürliche Unterscheidungsfähigkeit kann Aussagen über den natürlichen, emotionalen oder zwischenmenschlichen Bereich machen, wohingegen eine übernatürliche Fähigkeit zur Unterscheidung über die geistliche Dimension Auskunft geben kann.

Die übernatürliche Unterscheidungsfähigkeit teilt diese Informationen meist in vier verschiedene Bereiche auf: (1) das Wirken des Heiligen Geistes, (2) das Wirken des Dämonischen, (3) das Wirken des menschlichen Geistes und (4) das Wirken der himmlischen Wesen.

Ein weiterer Grund, warum die Gabe der Unterscheidung der Geister missverstanden wurde, liegt darin, dass sie missbraucht wurde. **Viele glauben, dass die Gabe der Unterscheidung die Fähigkeit sei, die geheimen Sünden eines anderen Menschen zu kennen,** und haben sie benutzt, um Haltungen des Verdächtigens, der Kritik und der Anklage zu rechtfertigen. Gutherzige Menschen wollen aber keine solch verzerrte Version der Unterscheidung der Geister praktizieren.

Ich habe einflussreiche Personen im Leib Christi sagen hören, wenn sie die Wahl hätten, eine der neun Geistesgaben abzuschaffen, würden sie „eindeutig die Gabe der Unterscheidung der Geister abschaffen, weil keine Gabe für sich genommen so viel Schaden im Leib Christi angerichtet hat". Eine solche Aussage ergibt nur Sinn, wenn man den Missbrauch dieser Gabe anschaut. Lassen Sie uns nun näher betrachten, was die Gabe der Unterscheidung der Geister in Wahrheit bedeutet.

Drei Stammworte

In der Bibel können die Worte *Beurteilung* und *Unterscheidung* manchmal synonym benutzt werden. Im Griechischen gibt es drei

Stammworte für das Wort *Beurteilung,* wodurch wir einen tiefen Einblick darüber erhalten, was Unterscheidung wirklich ist.

Das erste Stammwort im Griechischen lautet *anakrino.* Die grundlegende Bedeutung dieses Wortes ist: *die Fähigkeit zu beurteilen.*[2] Wir sollten immer in dieser Art von Unterscheidung wirksam sein.

> *Ein natürlicher Mensch aber nimmt nicht an, was des Geistes Gottes ist, denn es ist ihm eine Torheit, und er kann es nicht erkennen, weil es geistlich beurteilt [anakrino] wird* (1 Kor 2,14).

Das zweite Stammwort im Griechischen ist *dokimazo,* dessen grundlegende Bedeutung ist, etwas zu prüfen oder zu beweisen.

> *Heuchler! Das Aussehen der Erde und des Himmels wisst ihr zu beurteilen [dokimazo]. Wie aber kommt es, dass ihr diese Zeit nicht zu beurteilen [dokimazo] wisst?* (Lk 12,56)

Dieser Gebrauch der Unterscheidungsfähigkeit ist für einen Christen so manches Mal angebracht. Zum Beispiel werden wir dazu aufgefordert, die Geister zu prüfen (vgl. 1 Joh 4,1) oder unsere Weissagungen zu beurteilen (vgl. 1 Thess 5,21).

Das dritte Stammwort für Beurteilung lautet im Griechischen *krino,* was eigentlich verurteilen oder verdammen bedeutet. Diese Rolle sollte ein Christ niemals übernehmen! Wir sollten Gutes vom Bösen unterscheiden, auch sollten wir manchmal prüfen und beweisen, aber Verurteilung ist ein Tabu für jeden Gläubigen.

> *Richtet [krino] nicht, damit ihr nicht gerichtet [krino] werdet! Denn mit welchem Gericht ihr richtet [krino], werdet ihr gerichtet [krino] werden, und mit welchem Maß ihr messt, wird euch zugemessen werden* (Mt 7,1-2).

Von diesen drei Stammworten für Beurteilung lernen wir, dass es zwei Arten von Beurteilungen gibt, die gut sind, und eine, die es nicht ist. Wenn wir unsere Unterscheidungsfähigkeit einsetzen,

---

[2] Aus: W. E. Vine and F. F. Bruce, *Vine's Expository Dictionary of Old and New Testament Words* (Old Tappan, NJ: Fleming H. Revell Company, 1981), 314, 315, 222.

müssen wir uns daran erinnern, dass Jesus gesagt hat, wir sollten mit *gerechtem* Urteil beurteilen.

> *Richtet nicht nach dem, was vor Augen ist, sondern richtet gerecht* (Joh 7,24 LUT).

Die vier Kategorien

Wegen eines Mangels an biblischer Lehre ist die Gabe der Unterscheidung der Geister in der Gemeinde als Kritik, Verdächtigung und Verurteilen missverstanden worden. Die Wahrheit ist, dass es eine übernatürliche Gabe vom Heiligen Geist ist, die in der Liebe anzuwenden ist. Es gibt vier verschiedene Geister, die es zu unterscheiden gilt: den Heiligen Geist, himmlische Geister, den menschlichen Geist und dämonische Geister. Die Unterscheidung der Geister hilft uns dabei, zu erkennen, mit welchem dieser vier Geister wir es zu tun haben.

1. Der Heilige Geist

Bei der riesigen Verwirrung am Tag des Pfingstfestes (Apg 2) stand Petrus vor der Menschenmenge und erklärte, während die Gabe der Geisterunterscheidung durch ihn wirksam war, dass das, was gerade passiere, das Wirken des Heilige Geistes sei. In Apostelgeschichte 8 sandte die Gemeinde Petrus und Johannes aus, um die Bekehrungen der Einwohner von Samarien, die durch Philippus zustande gekommen waren, zu prüfen. Es bedurfte der Unterscheidungsfähigkeit auf Seiten von Petrus, um anzuerkennen, dass das, was durch Philippus geschah, das Werk des Heiligen Geistes war. Um Errettung und die Taufe im Heiligen Geist im Haus von Cornelius zu bewirken, waren Gehorsam und Unterscheidungsfähigkeit notwendig. Wenn Gott Ihnen etwas zeigt, was sich außerhalb Ihrer Komfortzone befindet, erfordert dies normalerweise, dass in Ihnen die Gabe der Geisterunterscheidung wirksam ist, damit Sie die neue Wahrheit überhaupt annehmen können.

Johannes der Täufer unterschied bzw. erkannte ebenfalls die Gegenwart des Heiligen Geistes, bevor er Jesus taufte:

Und Johannes bezeugte und sprach: Ich schaute den Geist wie eine Taube aus dem Himmel herabfahren, und er blieb auf ihm. Und ich kannte ihn nicht; aber der mich gesandt hat, mit Wasser zu taufen, der sprach zu mir: Auf welchen du sehen wirst den Geist herabfahren und auf ihm bleiben, dieser ist es, der mit dem Heiligen Geist tauft. Und ich habe gesehen und habe bezeugt, dass dieser der Sohn Gottes ist (Joh 1,32-34).

Ein weiteres Beispiel, wie man den Heiligen Geist unterscheiden bzw. erkennen kann, kommt von meiner Frau Karen Welton:

> Eines Abends kam eine Gruppe von sieben oder acht meiner Freunde in einem unserer Häuser zusammen. Ursprünglich hatten wir vor, Brettspiele zu spielen, aber irgendwie hatte ich den Eindruck, wir sollten etwas anderes machen. Ich hatte ein wachsendes Verlangen, die Gegenwart Gottes in den Raum einzuladen, und schlug deshalb vor, etwas Anbetungsmusik anzumachen. **Ich spürte, dass die Atmosphäre regelrecht geladen war für ein mögliches Wirken Gottes.** Mein Freund legte Anbetungsmusik auf und die Gegenwart des Herrn erfüllte sein Wohnzimmer. Wir fanden uns auf den Knien wieder und beteten Jesus an.
>
> Im Geist sah ich, wie Wasser den Raum füllte. Es fing mit einigen Zentimetern an, während wir alle auf dem Boden lagen, aber das Wasser stieg an, während wir anbeteten. Ich nahm die Gegenwart von Engeln im Raum wahr, sieben insgesamt. In der Mitte des Raumes spürte ich etwas anderes. Ich dachte: „Dort muss ein riesiger Engel stehen, weil ich etwas Kraftvolles wahrnehme, was in der Mitte herumwirbelt." Ich versuchte festzustellen, welche Art von Engel so mächtig sein konnte und warum er sich so sehr von den anderen unterschied. Schließlich erkannte ich, dass es überhaupt kein Engel war, sondern ein Wasserstrudel, der inzwischen einen Durchmesser von eineinhalb Metern erreicht hatte, der mächtig wirbelte und oben überfloss und den Raum füllte. Was ich sah, war die manifeste Gegenwart des Heiligen Geistes.
>
> Inzwischen war das Wasser bis Schulterhöhe angestiegen. Ich bewegte mich ins Zentrum des Strudels und legte mich auf

mein Angesicht. Innerhalb von zehn Minuten, ohne dass ich ein Wort darüber verlor, bewegten sich drei weitere von uns ebenfalls in die Mitte des Raumes und legten sich dort zu mir hin. Das Wasser wurde immer tiefer, während die Kraftquelle überfloss und den Raum mit mehr Wasser füllte. Gott goss buchstäblich seinen Geist auf uns aus!

Zu diesem Zeitpunkt stand das Wasser höher als unsere Köpfe. Ich sah, wie einer meiner Freunde in der Mitte des Raumes aufstand und etwas oberhalb seines Kopfes seine offene Hand auf die Wasseroberfläche legte, die ich im Geist sah. Ich schaute ihn ungläubig an und sagte: „Genau dort befindet sich die Wasseroberfläche! Siehst du den Wasserstrudel auch?" Keiner hatte bis dahin irgendetwas gesagt, und so wusste ich nicht, ob jemand anderes auch gesehen hatte, dass das Wasser geistlich gesehen den Raum füllte.

Mein Freund sagte: „Genau hier befindet sich eine Wassersäule, und sie ist so hoch; ganz oben wird sie zu einer Feuersäule, die von der Decke herabkommt. Wenn du deine Hand genau hierhin hältst, kannst du die Veränderung des Drucks spüren." Er hielt seine Hand über den Wirbel und klatschte mit ihr aufs Wasser. Ich war mir der großen Wassersäule bewusst gewesen, hatte aber nicht wahrgenommen, dass darüber eine Feuersäule war.

Viele von uns legten ihre Hände in dieselbe Höhe und konnten alle einen leichten Druckunterschied an der Stelle wahrnehmen, wo sich die Wassersäule in eine Feuersäule verwandelte.

Mein Freund Ben Valence teilt ebenfalls eine seiner Erfahrungen mit, als er die Gegenwart des Heiligen Geistes wahrnahm:

Wie jede Woche war ich bei dem Jugendgottesdienst, als mich der Herr während der Anbetung bat, etwas zu tun. Ich bemühte mich, tiefer in die Gegenwart Gottes vorzudringen, und der Herr teilte mir dabei mit, dass ich einen Eimer hielt und dass ich damit herumgehen solle und über jeden etwas ausschütten solle. Da mir dies ziemlich komisch vorkam, ging ich zu Jon(athan) und sagte ihm, was der Herr mir gezeigt hatte. Er meinte, ich solle es einfach tun. So ging ich im ganzen Saal herum und goss etwas über die Menschen aus, wobei ich mir ziemlich verrückt vorkam. Als ich dann zu Jon zurückkam, fragte ich ihn, was er sah. Ich war erstaunt, als er mir mitteilte, es würden sich zwei große Engel auf der Bühne befinden und Wasser würde über die Bühne und hinunter in den Gottesdienstsaal laufen. Das Wasser war mit Öl vermischt, und da es nur knöcheltief war, waren selbst diejenigen, die am Boden lagen und den Herrn priesen, nicht völlig davon bedeckt. Ich ging mit dem Eimer herum und schöpfte damit das Wasser und schüttete es über jedem aus und wusch damit jeden Einzelnen. Auch wenn ich in der physischen Dimension verrückt aussah, vollzog ich etwas in der geistlichen Welt, was viel bedeutender war. Das Einzige, was der Herr mir mitgeteilt hatte, war, dass ich einen Eimer hätte, und ich habe ihm geglaubt und war gehorsam. Nachdem ich mitbekommen hatte, was sich in der geistlichen Welt abspielte, war ich sehr froh, dass ich ihm gefolgt war.

2. Himmlische Geister

Die Bibel ist voll von Versen, die auf Engel und andere himmlische Kreaturen hinweisen. Unter den deutlichsten Beispielen für eine funktionierende Geisterunterscheidung fänden sich auch Elisa, der die himmlischen Heerscharen sah, während sein Diener dies zunächst nicht konnte (vgl. 2 Kön 6), oder Bileams Eselin, die den Engel bereits dreimal auf der Straße sah, bevor Bileams Augen geöffnet wurden (vgl. 4 Mose 22). Bei dieser Art von Unterscheidung kann es sein, dass jemand die geistliche Welt ungetrübt wahrnimmt, während andere, die danebenstehen, nichts merken. Dies ist mehrfach im Wort Gottes geschehen, wie zum Beispiel, als der Vater gerade zu Jesus sprach, und diejenigen, die in der Nähe standen, nur ein Donnern hörten (vgl. Joh 12,28-29). Ein weiteres Beispiel finden wir, als Jesus Paulus von seinem Reittier herunterwarf, und die Soldaten, die ihn begleiteten, keine Ahnung hatten, was gerade passierte (vgl. Apg 9,7).

Eines Tages im Herbst fuhr ich von der Arbeit nach Hause, als ganz plötzlich ein großer Engel in purpurner Kleidung auf der

Straße vor mir erschien. Er hielt ein großes Schwert in der Hand, welches er mit beiden Händen umfasste und auf mich richtete. Ich hörte im Geist, wie er zu mir sprach: „Verlangsame jetzt dein Tempo!" Dies war keine Bitte, sondern ein Befehl. In dem Moment, als ich ihn in dem purpurnen Gewand sah, dachte ich mir: „Purpurn ist eine königliche Farbe, also muss dies hier wichtig sein." Sofort verlangsamte ich mein Tempo. An der Stelle, wo der Engel gestanden hatte, gab es eine scharfe Kurve, die mir bekannt war. Ich konnte jedoch nicht sehen, dass ein Auto vor mir hinter der unübersichtlichen Kurve stehen geblieben war. Wenn ich nicht abgebremst hätte, wäre ich mit 70 bis 80 Stundenkilometern in dieses Auto hineingerast und hätte sehr wahrscheinlich die Insassen des anderen Autos und mich selbst umgebracht.

Engel, die ausrüsten

Zu einem anderen Zeitpunkt, um Weihnachten 2002 herum, war ich auf einer Konferenz mit ungefähr 6000 Jugendlichen in Niagara Falls, New York. Während der Anbetungszeit fing ich an, etwas zu sehen, was ich nie zuvor gesehen hatte. Mitten in der überfüllten Stadthalle sah ich vier riesige Engel, die mindestens dreißig Meter groß waren. Sie hielten alle ein Brandeisen in ihrer Hand. Zuerst konnte ich nicht erkennen, was auf dem Brandeisen stand, aber dann fingen sie an, dieses Brandeisen bestimmten Menschen aufzusetzen. Sie drückten es quer über die Brust einer Person und ließen eine Eingravierung zurück. Ich konnte Worte wie *geheiligt, heilig dem Herrn, Nasiräer* und *Prophet für die Nationen* erkennen. Diese Brandzeichen konnte ich für den Rest der Konferenz auf verschiedenen Individuen sehen. Gelegentlich begegne ich auch Menschen, die nicht an dieser bestimmten Konferenz teilgenommen haben, die aber ebenfalls ein Brandzeichen auf ihrer Brust haben. Ich glaube, dass dies häufig und an verschiedenen Orten geschieht, um eine Beauftragung deutlich zu machen, ähnlich wie in Jesaja 6, wo der Engel Jesaja mit der glühenden Kohle weiht und beruft.

Vor einigen Jahren nahmen Karen und ich an einer Konferenz in Columbus, Ohio, teil. Dort waren einige sehr bekannte prophetische Sprecher. Nachdem einer von ihnen seine Botschaft beendet hatte und zum praktischen Teil des Dienens kam, sah ich etwas sehr Ungewöhnliches. Der Sprecher verkündete, Gott wolle an diesem Abend Menschen für den fünffältigen Dienst beauftragen. Als er das aussprach, erschien ein großer Engel vorne im Gottesdienstraum. Dieser ungefähr sechs Meter große Engel hatte quer über seine Brust das Wort *zurüsten* stehen. Er stand dort sehr ordentlich und hatte über seinem Arm Tücher hängen, die er vor sich hinhielt, was mich an einen Kellner in einem sehr feinen Restaurant erinnerte. Der Sprecher bat die ganze Versammlung, nach vorne zu kommen und sich in einer Reihe anzustellen, damit er ihnen die Hände auflegen könne. Während er dies tat, legte der „Ausrüstungsengel" auf bestimmte Menschen eines seiner Tücher. Sobald das Tuch auf jemanden gelegt wurde, konnte ich lesen, was darauf stand: *Apostel, Prophet, Evangelist, Pastor (Hirte)* oder *Lehrer* konnte man auf ihnen lesen. Gleichzeitig ließ mich der Herr verstehen, dass dies Mäntel seien, die er auf seine Leiter legte, damit diese die Gemeinde für den Dienst zurüsteten.

3. Der menschliche Geist

Die Apostelgeschichte enthält viele klare Beispiele, wie diese Form der Unterscheidung praktisch funktioniert. Zum Beispiel konfrontierte Petrus Simon den Zauberer in Bezug auf die boshaften Motive seines Herzens. Auch zog Petrus Ananias und Saphira wegen ihrer Lügen zur Rechenschaft, und Paulus konfrontierte den Zauberer Elymas wegen seines bösen Herzens. In anderen Büchern der Bibel entdecken wir, dass Paulus Petrus wegen seiner Heuchelei zur Rede stellte, dass Jesus etwas über Nathanaels Wesen aussprach, als er ihn das erste Mal traf, ganz zu schweigen von den vielen Situationen, in denen Jesus die Gedanken von anderen erkannte. Dies sind deutliche Beispiele für das Wirksamwerden der Gabe der Geisterunterscheidung, um den Zustand der menschlichen Seele bzw. des menschlichen Geistes zu erkennen.

Als ich einmal für Kranke betete, sah ich etwas Einzigartiges in Bezug auf eine Frau, für die ich gerade beten wollte. **Bevor sie mir mitteilte, an welcher Krankheit sie litt, sah ich im Geist, wie von allen möglichen Richtungen Speere in ihr steckten.** Sie waren ungefähr drei Meter lang und ragten wirklich in alle Richtungen aus ihr heraus. Ich hatte das Empfinden, dass alles mit ihr in Ordnung sei, solange sie sich nicht bewegte, dass aber jede Person, die sich ihr näherte, ihr unbeabsichtigt Schmerzen zufügte, weil diese in der unsichtbaren Welt die Speere berührten.

Die Frau teilte mir mit, dass sie unter Angst, Depression, chronischer Müdigkeit (ME), Fibromyalgie (Faser-Muskel-Schmerz), dem Epstein-Barr-Virus und vielen anderen ähnlichen Erkrankungen litt. Ich beschrieb ihr, was ich im Geist gesehen hatte, und sie erwiderte, dass dies ihren Zustand perfekt beschrieb. Sie wollte buchstäblich nicht, dass ich ihr die Hände auflegte, als ich für sie betete, weil ihr dies Schmerzen verursachen würde.

Auf einigen Speeren stand etwas geschrieben, was erklärte, was diese Speere bedeuteten und wie sie dort hineingekommen waren (z. B. Hass, Enttäuschung und Angst). Wir verbrachten einige Zeit damit, Einzelnen zu vergeben, die sie verletzt hatten, setzten sie von Wortflüchen frei und behandelten viele Probleme in ihrem Herzen. Während wir dies taten, wurden die Speere im Geist entfernt. Als wir an diesem Abend fertig waren, konnte sie mich fast überschwänglich ohne Schmerzen umarmen. Später bekam ich eine E-Mail vom Leiter ihrer Gruppe, sie habe einen riesigen Durchbruch in ihrer gesundheitlichen Verfassung erlebt.

Machen Sie sich einmal bewusst, wie oft wir als die Gemeinde folgende Schriftstelle gelesen und gleichzeitig völlig versäumt haben, einen großen Schlüssel im Hinblick auf die Unterscheidung der Geister zu erkennen: *„Bei alledem ergreift den Schild des Glaubens, mit dem ihr alle feurigen Pfeile des Bösen auslöschen könnt!"* (Eph 6,16). Der Böse schießt geistliche, keine buchstäblichen Pfeile auf Gläubige ab. Ich sehe oft Gläubige, die von den Pfeilen des Bösen durchlöchert sind. Deshalb brauchen wir geistliche Unterscheidungsfähigkeit in diesem Bereich, damit wir einander in Heilung dienen können.

Der Herr hat mir Erkenntnis darüber geschenkt, warum ich so viele Schwerter, Speere und andere Waffen im Geist in Menschen stecken sehe. Aus Epheser 6,17 (SLT) wissen wir: Wenn Worte in der Hand des Heiligen Geistes sind, sind diese Worte das Schwert des Heiligen Geistes: *„... das Schwert des Geistes, welches das Wort Gottes ist."*

Einfach ausgedrückt: *Im Geist gleichen Worte Schwertern* – so schwingen wir mit unserem Mund auch Schwerter. Wir können unsere Worte durch die Kraft des Heiligen Geistes wie Skalpelle gebrauchen, um Heilung und Wiederherstellung ins Leben von anderen zu bringen, oder wir können Worte in zerstörerischer Weise benutzen, wodurch wir andere verletzen und niederstechen werden. *„Wer unbedacht schwatzt, der verletzt wie ein durchbohrendes Schwert; die Zunge aber der Weisen ist heilsam"* (Spr 12,18 SLT).

Für gewöhnlich sehe ich Gegenstände in Menschen stecken, die für emotionale Wunden und Worte, die gegen sie ausgesprochen wurden, stehen. Oftmals blockieren sie die Fähigkeit des Betroffenen, die körperliche Heilung zu empfangen, die er benötigt. Vergebung ist oft alles, was hier vonnöten ist. In anderen Situationen muss sich die Person von den Worten, die gegen sie ausgesprochen worden sind, lossagen, sie zurückweisen oder verwerfen (vgl. Jes 54,17). Dies ist *ein* Weg, wie Unterscheidung der Geister wirksam werden kann, um emotionale und physische Heilung zu bewirken.

Hier folgt ein weiteres Beispiel zur Unterscheidung des menschlichen Geistes von meinem Freund Ben Valence.

> Ich hatte mehr als fünf Jahre lang Rückenprobleme. Alle sechs bis zwölf Monate wurden die Schmerzen so stark, dass ich einen Monat lang von meiner Arbeit freinehmen musste. Die Schmerzen waren so schlimm, dass ich es kaum aus dem Bett herausschaffte, auch wenn mir jemand dabei half. Zusätzlich zu den Rückenproblemen bekam ich willkürlich Fieber und andere Krankheiten. Ich ging zum Arzt, aber der konnte keinerlei Ursache für die Probleme entdecken. Schließlich wurde es so schlimm, dass ich einmal pro Woche Fieber bekam und kaum mehr schlafen konnte.
>
> Eines Abends waren wir zusammen in Jonathans Haus und hatten eine Anbetungs- und Gebetszeit. Jon führte uns dann in eine Zeit der Aktivierung, in der wir füreinander beteten. Während ich mit geschlossenen Augen in der Mitte des Raumes

stand, befanden sich alle anderen hinter mir und sagten: „Es ist genau hier, kannst du es spüren?" Während sie das aussprachen, fühlte ich, wie etwas meinen Rücken durchbohrte, meine Brust durchdrang und in meinen Magen ging. Ich konnte spüren, wie immer wieder hineingestochen wurde, und es tat unheimlich weh. Ich bat sie, damit aufzuhören, und fragte sie, was sie dort machten, weil es so weh tat. Sie erklärten, dass sie etwas hinter meinem Rücken in der Luft sahen. Als Jon daraufhin seine Hand erhob und auf dieses unsichtbare Objekt drückte, spürte ich, dass er etwas berührte, was ich mit meinen körperlichen Augen nicht sehen konnte, aber eindeutig im Natürlichen fühlen konnte, denn es durchbohrte mein Fleisch.

Nachdem wir den Herrn gefragt hatten, was es mit diesem Gegenstand auf sich hatte, der wie ein Schwert oder Rohr aussah, hielten wir inne und beteten. Dann ergriff Jon das Schwert (in der unsichtbaren Dimension) und zog es langsam aus meinem Rücken heraus. Währenddessen spürte ich die Klinge, wie sie erst durch meine Brust und dann durch meinen Rücken glitt. Nachdem der Gegenstand aus meinem Rücken entfernt war, betete er nochmal für mich. In diesem Augenblick, als das Schwert weg war, spürte ich eine Erleichterung meinen Körper durchfluten und ein Friede durchströmte meine Sinne. Als ich am nächsten Morgen aufwachte, konnte ich nicht fassen, wie gut ich mich fühlte. Seit jener Nacht haben mich das Fieber und all die anderen Krankheiten verlassen, aber das Beste von allem ist, dass ich seitdem keine Rückenschmerzen mehr habe. Gott ist so gut. Seit 2005 ist mein Rücken nun geheilt.

Ist die menschliche Seele bzw. der menschliche Geist dem Wesen nach gut oder böse?

Es gibt eine Lehre im Leib Christi, die in Bezug auf die Frage, wie wir den menschlichen Geist bzw. die menschliche Seele betrachten, viel Verwirrung verursacht hat. Diese Lehre besagt, der Geist eines Gläubigen werde vollkommen gemacht. Die *Seele* und der *Körper* werden aber als „das Fleisch" bezeichnet, welches böse sei. Noch deutlicher ausgedrückt: Das Fleisch ist grundsätzlich böse und der Geist grundsätzlich vollkommen und heilig. Diese Lehre ruft einen immerwährenden inneren Kampf zwischen der Seele und dem Geist hervor. Dieses Konzept des inneren Kampfes hat eine vorherrschende Stellung in großen Teilen der modernen Gemeinde eingenommen. Dennoch lehrt die Bibel dies nicht so, und es handelt sich um keine zutreffende Definition *des Fleisches*.

Die Vorstellung, dass der Geist eines Menschen vollkommen sei, während die Seele und der Körper eines Menschen das böse Fleisch umfassen, ist grundsätzlich eine fehlerhafte, irreführende Lehre. Die Bibel lehrt noch nicht einmal, dass wir einen vollkommenen Geist hätten oder dass unsere Seele böse sei. Diese Vorstellung ist durch eine Fehlinterpretation von Hebräer 12,23 entstanden:

> *... sondern ihr seid gekommen zum Berg Zion und zur Stadt des lebendigen Gottes, dem himmlischen Jerusalem; und zu Myriaden von Engeln, einer Festversammlung; und zu der Gemeinde der Erstgeborenen, die in den Himmeln angeschrieben sind; und zu Gott, dem Richter aller; und zu* ***den Geistern der vollendeten Gerechten****; und zu Jesus, dem Mittler eines neuen Bundes; und zum Blut der Besprengung, das besser redet als das Blut Abels* (Hebr 12,22-24).

Bitte beachten Sie, dass sich der Ausdruck „den Geistern der vollendeten Gerechten" auf die bezieht, die bereits im Himmel sind. Es ist nicht in Ordnung, diesen Vers zu benutzen, um zu behaupten, Jesus habe den menschlichen Geist bei der Errettung vollkommen gemacht. Er bezieht sich auf die gerechten Männer in Hebräer 11, die bereits gestorben und vor uns in den Himmel gelangt sind.

Zweitens stellt die Bibel fest, dass der Geist eines Gläubigen nach der Errettung immer noch beschmutzt sein kann:

> *Da wir nun diese Verheißungen haben, Geliebte, so wollen wir uns reinigen von jeder Befleckung des Fleisches und des Geistes und die Heiligkeit vollenden in der Furcht Gottes* (2 Kor 7,1).

Dies widerspricht der Vorstellung, dass der Geist eines Gläubigen bereits vollkommen gemacht sei.

Was die menschliche Seele angeht, hat der Herr diese niemals als böse verurteilt. Tatsächlich hat er die menschliche Seele vor dem Sündenfall geschaffen. Sowohl Adam als auch Eva hatten eine Seele. Wenn die menschliche Seele von Natur aus böse wäre, hätte es sie in Eden nicht geben können. Die Seele mit dem Fleisch gleichzusetzen ist nicht präzise. Ziehen Sie auch in Betracht, dass Jesus uns angewiesen hat, ihn von ganzem Herzen, ganzer Seele, ganzem Verstand und ganzer Kraft zu lieben (vgl. Mk 12,30). Das Wort *Geist* ist in dieser Schriftstelle noch nicht einmal aufgelistet, und wenn die Seele mit dem Fleisch gleichzusetzen wäre, wie könnten wir dann jemals Gott mit unserem bösen Fleisch lieben?

Da unsere fleischliche Natur nicht aus der Seele und dem Körper besteht, was ist dann das Fleisch? ***Das Fleisch* bezieht sich auf die niedrigere Natur eines Menschen.** Diese niedrigere Natur eines Menschen wird in der Bibel als *fleischliche Natur, das Fleisch, der alte Mensch, der Leib des Todes* und *die alte Natur* bezeichnet. Das Fleisch ist der innere Teil des Menschen, der sich dem Verlangen nach Bösem beugt. Das Fleisch ist in allen drei Ebenen der menschlichen Schöpfung wirksam: dem Geist, der Seele und dem Körper; jeder Mensch trägt einen Anteil in sich, der zu einem ungesunden Verlangen neigt. Dies ist *das Fleisch*.

So lange, wie wir die Seele mit dem Fleisch verwechseln, werden wir unsere eigene Seele als unseren Feind ansehen. Eine verkehrte Auslegung des folgenden Verses hat viel zu der Verwirrung beigetragen, die dieses Thema betrifft. Lassen Sie uns diesen mit neuen Augen betrachten:

> *Denn das Wort Gottes ist lebendig und wirksam und schärfer als jedes zweischneidige Schwert und durchdringend bis zur Scheidung von Seele und Geist, sowohl der Gelenke als auch des Markes, und ein Richter der Gedanken und Gesinnungen des Herzens* (Hebr 4,12).

Wenn wir diesen Vers lesen und dabei glauben, dass unser Geist gut und unsere Seele schlecht sei, rufen wir eine Trennung in uns hervor, die folgendermaßen aussieht:

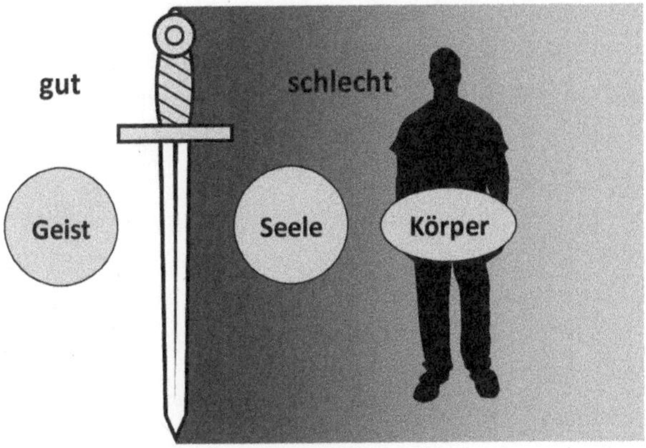

Diagramm 2

Dieses Diagramm repräsentiert den Glauben an einen Dualismus, die Trennung der Seele vom Geist. Aber lassen Sie uns diesen Vers noch einmal betrachten. In Wirklichkeit sagt er aus, dass das Wort Gottes die Seele und den Geist durchdringt; er sagt nicht aus, dass das Wort die Seele vom Geist in der Weise voneinander trennt, als sei eines von beiden gut und das andere schlecht. Das Wort Gottes scheidet bzw. durchdringt sowohl Seele als auch Geist. Wenn wir diesen Vers in richtiger Weise lesen – dass das Wort Gottes sowohl Seele als auch Geist scheidet –, kann man sehen, dass eine korrekte Trennung folgendermaßen aussieht:

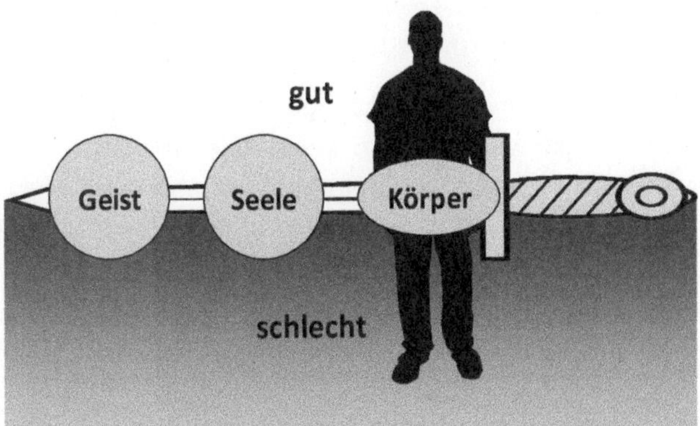

Diagramm 3

Das scheidende Schwert durchdringt sowohl die Seele als auch den Geist. Wenn Sie gemäß der Fehlauslegung des ersten Diagramms leben, befindet sich der Geist in einem lebenslangen Kampf gegen die Seele. Ebenso stimmt etwas mit Ihrer Unterscheidungsfähigkeit nicht, wenn Sie denken, der Geist sei immer gut und die Seele immer schlecht. Von der Bibel her ist die Lehre von einem guten Geist und einer bösen Seele nicht zu halten; eigentlich entspringt diese Vorstellung einer gnostischen Irrlehre aus dem ersten Jahrhundert.

In der frühen Gemeinde lehrten die Gnostiker, der Geist sei gut und der körperliche und emotionale Bereich seien böse und Jesus sei deshalb nicht in einem tatsächlichen Körper auf die Erde gekommen. Sie lehrten, Jesus sei nur in Form eines himmlischen Geistwesens auf die Erde gekommen. Diese Lehre ist ketzerisch, weil sie die Wahrheit leugnet, dass Jesus sein menschliches Blut zur Vergebung unserer Sünden vergossen hat. Die Gnostiker gewannen in der frühen Gemeinde so viele Anhänger, dass Johannes seinen ersten Brief in Erwiderung auf ihre Irrlehre schrieb:

> *Was von Anfang an war, was wir gehört, was wir* ***mit unseren Augen gesehen, was wir angeschaut und unsere Hände betastet haben*** *vom Wort des Lebens – und das Leben ist offenbart worden, und wir haben gesehen und bezeugen und verkündigen euch das ewige Leben, das bei dem Vater war und uns offenbart worden ist –, was wir* ***gesehen und gehört haben****, verkündigen wir auch euch, damit auch ihr mit uns Gemeinschaft habt; und zwar ist unsere Gemeinschaft mit dem Vater und mit seinem Sohn Jesus Christus* (1 Joh 1,1-3).

Johannes schrieb, um als Augenzeuge zu beweisen, dass Jesus kein himmlischer Geist war, sondern eine reale physische Person. Johannes war der Jünger, der seinen Kopf auf Jesu Brust gelegt hatte, und so wusste er genau, dass Jesus nicht bloß ein Geist war. Er schrieb sogar, dass jene, die behaupten, Jesus hätte keinen physischen Körper gehabt, in Wirklichkeit antichristlich seien.

> *Geliebte, glaubt nicht jedem Geist, sondern prüft die Geister, ob sie aus Gott sind! Denn viele falsche Propheten sind in die Welt hinausgegangen. Hieran erkennt ihr den Geist Gottes: Jeder*

> *Geist,* ***der Jesus Christus, im Fleisch gekommen, bekennt,*** *ist aus Gott; und jeder Geist, der nicht Jesus bekennt, ist nicht aus Gott; und dies ist der Geist des Antichrists, von dem ihr gehört habt, dass er komme, und jetzt ist er schon in der Welt* (1 Joh 4,1-3).

Die Lehre der alten Gnostiker entsprach dem Diagramm 2. Diese Lehre wurde in jedem Jahrhundert weitergereicht, und noch heute werden viele Christen gelehrt, die Seele und der Körper würden das Fleisch ausmachen, aber die Bibel lehrt nichts Derartiges.

Es ist tatsächlich so, dass der Körper als Tempel des Heiligen Geistes bezeichnet wird (vgl. 1 Kor 3,16; 6,19) und dass der Apostel Paulus sagte, dass körperliche Übungen einen gewissen Wert haben (1 Tim 4,8).

Die Seele wird in der Bibel niemals als negativer Begriff gebraucht. Es ist typisch für die Menschen, die von der gnostischen Lehre beeinflusst wurden, Dinge als *seelisch, von der Seele* oder aus dem *Bereich der Seele* zu bezeichnen oder zu behaupten, sie hätten mit *seelischen Bindungen, seelischer Kraft* usw. zu tun. Aber von der Bibel ausgehend, gibt es nichts von Natur aus Böses im Hinblick auf die Seele. Wir befinden uns also nicht in einem Kampf gegen unsere eigene Seele.

Es gibt einen Kampf gegen das Fleisch, aber das Fleisch ist nicht dasselbe wie die Seele. Wenn wir die gnostische Irrlehre ernsthaft praktisch anwenden wollten, müssten wir entweder vollständig Geist werden oder unsere Seele unterdrücken oder den Geist für den Rest unseres Lebens den Kampf gegen unsere Seele aufnehmen lassen. Doch dankenswerterweise spiegelt keine dieser Möglichkeiten die biblische Wahrheit wider.

Wenn wir in der Praxis die menschliche Seele bzw. den menschlichen Geist unterscheiden, ist es so, dass wir vielleicht die guten Dinge in jemandem erkennen, welche jene wären, die im Bereich oberhalb des Schwertes liegen, oder aber der Herr zeigt uns die negativen Dinge in jemandem, also jene unterhalb des Schwertes, die zum „Fleisch" gehören. Wenn wir Dinge im Bereich des menschlichen Geistes oder der Seele geistlich beurteilen (unterscheiden), können dies entweder gute oder schlechte Informationen aus der geistlichen Dimension sein.

4. Dämonische Geister

In den Evangelien gibt es viele Beispiele, in denen die Gabe der Unterscheidung der Geister wirksam war, insbesondere, wenn wir uns die Heilungswunder von Jesus näher anschauen. Schauen Sie sich zum Beispiel diese Geschichte noch einmal genauer an:

> *Und siehe, da war eine Frau, die achtzehn Jahre einen Geist der Schwäche hatte; und sie war zusammengekrümmt und völlig unfähig, sich aufzurichten. Als aber Jesus sie sah, rief er ihr zu und sprach zu ihr: Frau, du bist gelöst von deiner Schwäche! Und er legte ihr die Hände auf, und sofort wurde sie gerade und verherrlichte Gott* (Lk 13,11-13).

In der physischen Welt war das Einzige, was erkenn- und erfahrbar war, dass die Frau zusammengekrümmt und seit achtzehn Jahren in diesem Zustand war. Jesus konnte aber mit der Gabe der Unterscheidung die Ursache des Problems als einen Geist der Schwäche identifizieren. Häufig wird das Wirksamwerden der Gabe der Unterscheidung der Geister übersehen, aber in der Bibel wird sie immer wieder eingesetzt.

Ein Badezimmer, in dem es spukte

In einer der Wochen, in der ich im Jahr 2002 in Brasilien war, war unser Team in einem sehr schönen Vier-Sterne-Hotel untergebracht. Das einzige Problem war, dass es in meinem Badezimmer spukte. Ganz im Ernst, im Schlafzimmer war alles bestens, ich schlief gut, ich hatte keine Alpträume. Aber wenn ich unter der Dusche stand, geschah etwas Eigenartiges. Die Duschkabine hatte vier Wände aus Glas. Bereits von Anfang an hatte ich ein komisches Gefühl, was das Badezimmer anging, aber erst als ich das Wasser aufdrehte, eskalierte die Situation. Als ich die Duschkabine betrat und das Wasser aufdrehte, geschah im Natürlichen nichts Ungewöhnliches, aber meine geistlichen Augen sahen das Wasser als Blut. Anstatt Wasser, das gegen die Glaswände spritzte, sah ich Blut dagegenspritzen und herunterrinnen. Das war äußerst beängstigend. Ich hatte das Empfinden, dass jemand in dieser Duschkabine erstochen worden war. Ich teilte dies meinem Zimmerkollegen mit; die ganze Woche über beteten wir in Bezug auf dieses Badezimmer, und gegen Ende der Woche hatten die entsprechenden Gefühle und Wahrnehmungen beträchtlich nachgelassen. Dies war eine meiner ersten übernatürlichen Begegnungen dieser Art, und obwohl ich keinen vollkommenen Durchbruch und Sieg erlangte, lernte ich viel in dieser Woche. Letztendlich weiß ich nicht, ob dort wirklich jemand ermordet worden war oder ob der Geist der Furcht uns drangsaliert hat.

Ein weiteres Beispiel von Unterscheidung und der dämonischen Welt kommt von meinem Freund Benjamin Valence:

> Eine Gruppe von uns hatte sich in Jons Haus zu einer Gebets- und Anbetungsnacht versammelt, als der Herr mir aufs Herz legte, den Raum zu verlassen. Kurz nachdem ich den Raum verlassen hatte, sprach der Herr zu mir, ich solle meine Schuhe und Socken ausziehen und spazieren gehen. Ich fand das ein wenig eigenartig, folgte aber seinen Anweisungen. Ich war erstaunt, dass ich auf einmal wahrnehmen konnte, was in jedem Haus, an dem ich vorbeiging, im Geist vorging. Es ist schwierig zu erklären, was ich damit meine; es war, als würde ich mit meinen Füßen spüren, was ich sonst mit meinen Händen spürte, es war einfach erstaunlich. Obwohl es draußen kalt war, spürte ich eine Hitze durch meine Zehen und die Beine hochströmen, wenn ich an den Häusern vorbeiging, in denen der Heilige Geist am Wirken war. Als ich weiterging, wurden diese Wahrnehmungen intensiver, bis ich schließlich zu einer Brücke kam. Die Brücke führte zur östlichen Seite der Stadt hinüber, und nachdem ich die Brücke überquert hatte, spürte ich, dass sich die Atmosphäre zum Schlechteren veränderte. Ich konnte das Dämonische nicht nur fühlen, sondern auch spotten und zischen hören. Ich kehrte um und rannte den ganzen Weg zurück zu Jons Haus. Dies war eine sehr intensive Erfahrung, die sich für immer in mein Gedächtnis eingegraben hat.

Was Unterscheidung der Geister nicht ist

Es ist nicht die Gabe der Kritik

Viele Menschen fühlen sich für ihre Kritik an anderen nicht verantwortlich, weil sie vorgeben, sie hätten „dieses oder jenes mit der Gabe der Unterscheidung wahrgenommen". Die Wahrheit ist jedoch, dass wir für unsere Worte immer verantwortlich sind: *„Denn aus der Fülle des Herzens redet der Mund"* (Mt 12,34). Wenn wir tratschen, lästern, jemanden nicht ehren oder verleumden, müssen wir innehalten und darüber Buße tun. Seien Sie vorsichtig, dass Sie die Gabe der Unterscheidung nicht zu etwas Negativem für andere machen, indem Sie sie auf diese Weise falsch darstellen. Wenn man andere kritisiert und sich über sie beschwert, ist normalerweise keine geistliche Unterscheidung am Werk. Wo es einen Mangel an Gebet gibt, wird Beschweren diese Leere füllen.

Es ist nicht die Gabe des Verdächtigens

Ob aus emotionalen Verletzungen heraus oder aufgrund von schlechten Erfahrungen mit jemandem in der Vergangenheit, kann es leicht passieren, dass wir einen Menschen einer Sache verdächtigen. In 1. Korinther 13,5 heißt es: *„Liebe rechnet das Böse nicht zu."* Meistens wird ein Verdacht auf irgendeine negative Vorgeschichte gegründet, entweder auf Erfahrungen aus erster Hand oder auf üble Nachrede durch andere. Wenn wir Menschen durch die Augen Jesu sehen wollen, dann dürfen wir keine Akte mit ihren Fehlern mit uns herumtragen und sie verdächtigen. Bitte, vergeben Sie um Ihretwillen und einer klaren Unterscheidung willen alles, was Sie aufgezeichnet haben, und tun Sie Buße darüber, dass Sie überhaupt die Akte geführt haben.

Es ist nicht die Gabe der Manipulation

Dies ist eine Frage der Motive. Wenn jemand sagt: „Ich habe den Eindruck, dass du dieses und jenes tun sollst", hat dies mehr Gewicht, als wenn jemand lediglich seine Meinung äußert. Wenn diese Person aber nicht wirklich auf den Heiligen Geist hört und aus der Gabe der Unterscheidung heraus spricht, missbraucht sie tatsächlich den Namen des Herrn. Meine Definition dafür, den Namen des Herrn zu missbrauchen, ist: Jemand legt das Gewicht von *„Gott hat gesagt"* auf etwas, was Gott gar nicht gesagt hat.

Dasselbe geschieht häufig mit der Gabe der Prophetie. Leider geben Menschen manchmal vor, der Herr habe ihnen etwas gezeigt oder ein prophetisches Wort gegeben, weil sie meinen, sonst nicht gehört zu werden. Damit bewegen sie sich auf gefährlichem Boden. Diese Gaben sollten nicht dafür eingesetzt werden, andere zu kontrollieren oder zu manipulieren. Die Gaben sollen genutzt werden, um die Gemeinde aufzubauen (vgl. 1 Kor 12,7), und nicht, sie niederzureißen.

Es ist nicht die Gabe der Verdammnis bzw. des Richtens

In Römer 8,1 heißt es: *„Also gibt es jetzt keine Verdammnis für die, die in Christus Jesus sind."* Da es keine Verdammnis für uns gibt, sollten deshalb auch keine in uns sein, die wir an andere weitergeben könnten. Wir sind keine Träger der Verdammnis, da wir die Welt durch die Augen Jesu sehen und er derjenige ist, der sagte, dass er nicht gekommen sei, um die Welt zu verdammen. *„Denn Gott hat seinen Sohn nicht in die Welt gesandt, dass er die Welt richte, sondern dass die Welt durch ihn gerettet werde"* (Joh 3,17). Es ist niemals die Aufgabe eines Christen zu verdammen bzw. zu richten.

Es ist nicht „nur ein Werkzeug zur Befreiung"

Dies ist ein weit verbreitetes Missverständnis. Viele im Leib Christi sind gelehrt worden, die Gabe der Unterscheidung der Geister betreffe lediglich den Befreiungsdienst. Man hat sie damit auf diesen Bereich reduziert und in der Folge vernachlässigt.

Doch die Wahrheit ist, dass diese Gabe bei vier verschiedenen Geist-Kategorien in Erscheinung tritt, wobei das Dämonische nur eine von diesen ist. In allen vier Bereichen haben wir diese Gabe bitter nötig, und zu behaupten, dass sie nur mit Befreiung zu hätte, ist unsinnig.

Wie gehe ich damit um, wenn ich wirklich etwas Negatives in Bezug auf jemanden wahrnehme?

Es stimmt, dass die Gabe der Geisterunterscheidung zu einem geringen Prozentsatz sündhafte oder negative Anteile in einem Menschen erkennt. Solche Informationen müssen wir aber in angemessener Weise weitergeben, sie sollten keinesfalls verleumderisch verwendet werden. Der einzige Grund, weshalb Ihnen der Heilige Geist dies anvertraut, besteht darin, dass Sie entweder für diese Person im Gebet eintreten können oder sie in einen Heilungsprozess leiten (Gal 6,1-2). Das beste Beispiel dafür sehen wir in der Geschichte mit Jesus, als er in Johannes 4 mit der Samariterin am Brunnen spricht. **Er verdammte sie nicht, sondern brachte ihr nur reine Liebe entgegen.** Er sprach direkt mit ihr. In keiner Weise verleumdete er sie anderen gegenüber.

> *Er spricht zu ihr: Geh hin, rufe deinen Mann und komm hierher! Die Frau antwortete und sprach zu ihm: Ich habe keinen Mann. Jesus spricht zu ihr: Du hast recht gesagt: Ich habe keinen Mann; denn fünf Männer hast du gehabt, und der, den du jetzt hast, ist nicht dein Mann; hierin hast du wahr geredet. Die Frau spricht zu ihm: Herr, ich sehe, dass du ein Prophet bist* (Joh 4,16-19).

Fünf Filter

Wie halten wir mit unserer Unterscheidungsfähigkeit das Gute und das Schlechte auseinander? Um diese Frage zu beantworten, werden wir fünf Filter betrachten, die uns verstehen helfen können, was unsere Unterscheidungsfähigkeit uns vermitteln möchte.

1. Übereinstimmung mit der Bibel

Da es so viele verkehrte Lehren, persönliche Meinungen und eindeutig schlechte Theologien gibt, wie können wir nun Richtiges von Falschem unterscheiden? Die Bibel ist unerschütterliche, unveränderliche Wahrheit, und alles andere muss an ihr gemessen werden. Ganz egal, was andere lehren, nach 2. Petrus 1,19 haben wir mit der Bibel das genauere Wort:

Und so besitzen wir das prophetische Wort umso fester, und ihr tut gut, darauf zu achten als auf eine Lampe, die an einem dunklen Ort leuchtet, bis der Tag anbricht und der Morgenstern in euren Herzen aufgeht.

Die Worte des Herrn sind reine Worte, in irdenem Tiegel geschmolzenes Silber, siebenmal geläutert (Ps 12,7 SLT).

2. Sehen Sie sich die sichtbare Frucht der Quelle an

Hütet euch vor den falschen Propheten, die in Schafskleidern zu euch kommen! Inwendig aber sind sie reißende Wölfe. ***An ihren Früchten werdet ihr sie erkennen.*** *Liest man etwa von Dornen Trauben oder von Disteln Feigen?* (Mt 7,15-16).

Wenn die Frucht von gleicher Natur ist wie die Frucht des Geistes, dann ist es gut möglich, dass Gott die Quelle ist. Galater 5,22-23 (SLT) beschreibt, wie die Frucht Gottes beschaffen ist:

Die Frucht des Geistes aber ist Liebe, Freude, Friede, Langmut, Freundlichkeit, Güte, Treue, Sanftmut, Selbstbeherrschung. Gegen solche Dinge gibt es kein Gesetz.

3. Die Salbung des Heiligen Geistes, die uns zur Wahrheit führen wird

Und ihr habt die Salbung von dem Heiligen und habt alle das Wissen ... Dies habe ich euch im Blick auf die geschrieben, die euch verführen. Und ihr? Die Salbung, die ihr von ihm empfangen habt, bleibt in euch, und ihr habt nicht nötig, dass euch jemand belehre, sondern wie seine Salbung euch über alles belehrt, so ist es auch wahr und keine Lüge. Und wie sie euch belehrt hat, so bleibt in ihm! (1 Joh 2,20; 26-27).

Diese Verse könnten als Widerspruch zu Epheser 4,11-13 verstanden werden, wo Paulus die Rolle des Lehrers darlegt, aber das ist nicht der Fall.

Praktisch gesehen, bedeutet dies: Wenn zwei Lehrer, die in gleicher Weise ausgerüstet sind, im Wort Gottes zu unterweisen, zwei gegensätzliche Sichtweisen lehren, kann Sie die Salbung des Heiligen Geistes zur Wahrheit der richtigen Sicht leiten. An dieser

Stelle möchte ich zur Vorsicht im Umgang mit all diesen Filtern mahnen, denn möglicherweise gibt es eine Barriere in Ihnen, sodass der Filter nicht richtig funktionieren kann. Vielleicht sind Sie in einer Gemeinde aufgewachsen, in der Sie etwas Falsches gelehrt worden sind. Wenn Sie dann die Wahrheit gepredigt hören, kann es sein, dass Sie aufgrund der früheren Lehre nicht in der Lage sind, das Gehörte richtig zu filtern. Letztendlich müssen Sie demütig genug sein, dem Heiligen Geist zu erlauben, Sie zu verändern, zu führen und anzuweisen, wenn Ihre Unterscheidungsfähigkeit übernatürlich sein soll.

4. Dem Frieden Christi in Ihrem Herzen gehorsam sein

> *Und der Friede des Christus regiere in euren Herzen, zu dem Ihr auch berufen worden seid in einem Leib! Und seid dankbar!* (Kol 3,15).

Der innewohnende Friede Christi in unseren Herzen ist uns eine Hilfe und leitet uns, wenn für uns eine Entscheidung ansteht. Wenn Sie versucht werden, wird der Friede Christi in Ihnen in Unruhe geraten. Treffen Sie die richtige Entscheidung, selbst wenn es ein beängstigender Schritt im Glauben ist, wird der Friede Christi Ihr Vertrauen zunehmen lassen. **Wenn Sie mit einer Situation konfrontiert werden, sollten Sie einen Moment innehalten und auf den Zustand Ihres Friedens achten.** Erlauben Sie dem Heiligen Geist, Ihnen zu zeigen, ob Sie richtig oder falsch liegen.

5. Die Wege Gottes und sein Wesen

Wenn Sie Gottes Wesen betrachten, gibt es viele Dinge, die man leicht herausfiltern kann. Es entspricht nicht Gottes Wesen, dass er Abtreibung, Mord, Homosexualität, Ehebruch, Stehlen, Lügen, Zauberei, Krankheit, Ungerechtigkeit usw. gutheißen könnte. Die Bibel ist die Grundlage dafür, Gottes Wesen zu verstehen. Wenn wir Meinungen und Vorurteile beiseitelegen, können im Wort Gottes Antworten zu allem gefunden werden, was dem Wesen und den Wegen Gottes entspricht.

Schriftstellen wie folgende zeigen uns viel über Gottes Wege und sein Wesen:

Preise den HERRN, meine Seele, und vergiss nicht alle seine Wohltaten! Der da vergibt alle deine Sünde, der da heilt alle deine Krankheiten. Der dein Leben erlöst aus der Grube, der dich krönt mit Gnade und Erbarmen. Der mit Gutem sättigt dein Leben. Deine Jugend erneuert sich wie bei einem Adler. Der HERR verschafft Gerechtigkeit und Recht allen, die bedrückt werden. Er tat seine Wege kund dem Mose, den Söhnen Israel seine Taten (Ps 103,2-7).

Ein abschließendes Wort über Filter

In der Welt gibt es viele Stimmen, die um Ihre Aufmerksamkeit buhlen. Es ist so wichtig, dass Sie „ein System" haben, mit dem Sie all die Stimmen filtern, die Sie hören. Wir möchten klar wissen, ob wir die Stimme des Herrn hören oder von einer anderen Stimme getäuscht werden. Ich stelle mir den Filterungsprozess so vor, als hätte ich eine Handvoll Schlamm, von dem ich aber nur das Wasser darin haben möchte. Wenn ich ein Fliegengitter nähme und meine Handvoll Schlamm dagegen drücken würde, dann würde ein Teil des Schlamms zurückbleiben, aber es würde immer noch viel Schlamm durchgehen. Am besten wäre es deshalb, mehrere Fliegengitter, sagen wir mal fünf, in Schichten übereinanderzulegen und dann den Schlamm dagegen zu drücken. Dann erhielte ich zum größten Teil Wasser. Genauso stelle ich mir vor, dass diese Filter bei uns funktionieren.

Aktivierung

Diese Übung kann einige Zeit dauern. Fangen Sie an, indem Sie sich ein Blatt Papier und etwas zum Schreiben nehmen. Schreiben Sie jetzt einen Brief von Jesus an sich selbst. Jesus wohnt in Ihnen. Sie brauchen sich also nur darauf zu konzentrieren, ihm zuzuhören, wie er zu Ihnen spricht, und einen Brief mit dem zu verfassen, was er sagt.

Die Bibel teilt uns mit, dass wir alle prophetischen Worte prüfen und erhärten sollen. Der nächste Schritt wäre, den Brief an jedem Filter zu messen, um sicherzugehen, dass jeder Satz mit den Filtern in Einklang ist. Sollte ein Satz „durchfallen", streichen Sie ihn aus dem Brief. Dies ist eine gute praktische Übung dafür, was Sie mit jedem prophetischen Wort tun sollten, das Sie bekommen, und auch mit jedem Wort, das Sie meinen von Gott zu hören.

Gehen Sie noch einmal zurück zur zweiten Aktivierung in Kapitel 6, „Die unsichtbare Welt", und wenden Sie die fünf Filter auf Ihren Brief an. Dann übergeben Sie diesen Brief der Liebe und Ermutigung an die betreffende Person. Ob Sie diese nun anrufen, den Brief per Post schicken oder ihn persönlich überreichen, unterschätzen Sie nicht den Wert davon, dem anderen eine solche Botschaft weiterzugeben. Dies ist nicht nur zuträglich dafür, dass Ihre persönliche Begabung wächst, sondern es gab viele Menschen, die, nachdem ich ihnen einen solchen Brief gegeben hatte, mir mehrere Jahre später mitteilten, sie würden diesen Brief immer noch in ihrem Rucksack oder ihrer Handtasche haben und ihn regelmäßig lesen. Diese Übung kann regelmäßig wiederholt werden und wird Ihren Glauben und Ihre Befähigung zunehmen lassen. Während Sie dies tun, werden Sie zudem eine Spur des Segens im Leben anderer hinterlassen.

KAPITEL 9

Hindernisse für die Gabe der Unterscheidung

Es gibt viele Dinge, die uns daran hindern können, die Geister wirklich klar unterscheiden zu können. Wir sollten aufpassen, was wir unsere Augen und Ohren sehen und hören lassen. Es gibt Dinge, die uns geistlich Schaden zufügen können. Wir müssen auch auf unser Herz und unsere Motive achten, damit unsere Unterscheidungsfähigkeit nicht verzerrt wird, was zum Beispiel durch die folgenden Kategorien von Dingen leicht geschehen kann.

Angsteinflößende Filme

Filme können unser Vorstellungsvermögen kräftig aufwühlen. Als jene, die sich auf der höchsten Ebene von Genauigkeit in der Unterscheidung der Geister bewegen möchten, ist Sorgfalt geboten, mit welcher Nahrung wir unser Vorstellungsvermögen füttern. Es gibt Hunderte wundervoller Filme, und sie können nach einem langen Tag eine großartige Möglichkeit der Entspannung bieten, aber es gibt auch sehr üble Filme.

Filme, die dazu dienen sollen, Ihnen Furcht einzuflößen, Angst hervorzurufen und Sie fortwährend auf die Folter spannen, können einen starken Einfluss auf Ihre Unterscheidungsfähigkeit ausüben. Auf welche Filme dies zutrifft, hängt vom Einzelnen ab; es gibt hier keine gesetzliche Regel, die einem von anderen auferlegt werden sollte. **Ich zum Beispiel bemerkte zum ersten Mal die Macht von Gruselfilmen, als ich den Film „Signs – Zeichen" mit Mel Gibson gesehen habe.** Für die meisten Leute war dies kein gruseliger Film. Ich jedoch hatte kurz zuvor eine starke geistliche Zurüstung erfahren, die meine Unterscheidungsfähigkeit erhöht hatte, und das Ergebnis davon war, dass ich einige beängstigende Begegnungen mit dem Dämonischen hatte, nachdem ich diesen Film sah. Wenn wir einen Film zum Vergnügen anschauen, ist unser Geist offen und kann beschmutzt werden, ohne dass wir das beabsichtigt haben.

Ich persönlich habe keine Probleme, Filme wie *Der Exorzismus von Emily Rose* anzusehen, da ich als Diener Gottes wissen möchte, was Amerikas Verständnis von Befreiung beeinflusst. Wenn ich einen solchen Film anschaue, tue ich dies aus Forschungszwecken und behüte mein Herz währenddessen. Ich habe meinen persönlichen Standard, und ich empfehle Ihnen, im Gebet genau zu prüfen, welche Filme Sie meiden müssen. Furchteinflößende Filme werden Ihre Unterscheidungsfähigkeit behindern.

Emotionale Verletzungen aus der Vergangenheit

Als Menschen, die in einer gefallenen Welt leben, neigen wir dazu, viel emotionales „Gepäck" mit uns herumzuschleppen. Dieses Gepäck können wir von unseren Familien, Freunden, Mitarbeitern und Gemeindeleitern bekommen haben. Es kann unsere Unterscheidungsfähigkeit ungenau werden lassen. Wir wollen aber sicherstellen, dass unser Herz unseren Mitmenschen gegenüber dieselbe Gesinnung wie Jesus hat. Wenn Sie etwas davon abhält, jemanden genau so zu lieben, wie Jesus diese Person liebt, ist es vielleicht nötig, dass Sie Buße tun oder vergeben.

Betrachten Sie die emotionale Reaktion von Jakobus und Johannes, als sie Feuer vom Himmel auf das Dorf der Samariter herabbeten wollten (vgl. Lk 9,54-56). Jesus wies sie daraufhin sehr bestimmt zurecht, sie wüssten wohl nicht, von welchem Geist sie sich gerade beeinflussen ließen. Dies kann sehr leicht passieren: In einem Moment ist Ihre Unterscheidung scharf; dann plötzlich bewirkt eine emotionale Verletzung, dass Ihre Unterscheidung weit entfernt davon ist, korrekt zu sein.

Praktisch gesehen geschieht so etwas, wenn Sie sich in einem Raum voller Menschen befinden, in dem eine Person ist, durch die Sie verletzt worden sind. Die Anwesenheit dieser einen Person kann Ihre Fähigkeit, mit dem Herzen des Herrn zu wirken, sehr beeinträchtigen. Das beste Heilmittel dagegen ist, Ihre Verletzungen, Ärgernisse und Wunden durch Vergebung zu verarbeiten. Ob Sie einer Person wirklich vergeben haben, können Sie daran erkennen, dass Sie Mitgefühl in Ihrem Herzen für sie empfinden, wenn Sie sie anschauen. Je gesünder Sie emotional sind, desto gesünder wird Ihre Fähigkeit zu unterscheiden sein.

Schlechte Lehre

Der Einfluss von schlechter Lehre kann Ihre Fähigkeit, in der Unterscheidung der Geister wirksam zu sein, drastisch begrenzen. Wenn Sie gelehrt wurden, dass Sie keine Autorität über das Dämonische haben, haben Sie vielleicht zu viel Angst, die Geister zu unterscheiden. Vielleicht wurde Ihnen beigebracht, dies sei nicht Ihre Gabe und sie stünde Ihnen daher nicht zur Verfügung. Eventuell wurden Sie im Okkulten oder in der New-Age-Bewegung ausgebildet, bevor Sie an Jesus gläubig wurden. All diese Gegebenheiten können Hindernisse dafür sein, in vollem Ausmaß und korrekt die Geister zu unterscheiden. Am besten ist es, Sie finden ausgezeichnete biblisch fundierte Lehre, um Ihr Verständnis zu läutern und zu verbessern.[1] Denken Sie daran, in Ihren Glaubensüberzeugungen immer demütig zu bleiben, damit der Heilige Geist Sie sanft korrigieren und in tiefere Wahrheiten hineinführen kann. Jemand hat einmal Folgendes gesagt: „Schlechte Lehre ist wie schlechter Atem – man ist für gewöhnlich der Letzte, dem es auffällt, und keiner möchte einen darauf hinweisen."

---

[1] Vgl. mein Buch „Normal Christianity".

Innerer Stress

Der Stress auf der Arbeit, in der Familie, Schlafmangel, Gesundheitsprobleme, Finanzen, unerfüllte Hoffnungen und eine Anzahl weiterer Gründe können unsere Unterscheidung ebenfalls beeinträchtigen. Unsere Beziehung zu Jesus muss frisch und beständig sein, damit wir mit Stress in rechter Weise umgehen können. **Wir müssen aus einem Herzensfrieden heraus handeln,** sonst werden wir ungenau im Gebrauch unserer Unterscheidungsgabe sein.

> *Seid um nichts besorgt, sondern in allem sollen durch Gebet und Flehen mit Danksagung eure Anliegen vor Gott kundwerden* (Phil 4,6).

Menschenfurcht

> *Menschenfurcht stellt eine Falle; wer aber auf den HERRN vertraut, ist in Sicherheit* (Spr 29,25).

Der Einzige, den wir als Christen fürchten dürfen, ist Gott selbst. Wenn wir uns vor Menschen oder ihren Meinungen fürchten, wird dies unsere Fähigkeit behindern, klar zu unterscheiden.

> *Der Satan aber antwortete dem Herrn und sprach: Ist Hiob umsonst gottesfürchtig? Hast du nicht ihn und sein Haus und alles, was er hat, ringsum eingehegt? Das Werk seiner Hände hast du gesegnet, und seine Herden breiten sich im Land aus* (Hiob 1,9-10 SLT).

Das Prinzip lautet folgendermaßen: *„Was Sie fürchten, wird Sie eingrenzen."* Wenn Sie den Teufel fürchten, wird er Sie „einzäunen". Wenn Sie Gott fürchten, wird er ihre Schutzhecke sein. Dasselbe Prinzip lässt sich auch auf Ihre Fähigkeit, richtig zu unterscheiden, anwenden. Fürchten Sie allein den Herrn, und lassen Sie sich von ihm schützend umgeben. Vertrauen Sie sich ihm voll und ganz an; werfen Sie alle Sorgen auf ihn, denn er sorgt für Sie (vgl. 1 Petr 5,7).

Böse Motive

Ihre Motive können Ihre Gabe besudeln. Jesus wies Petrus wegen seiner Herzensmotive zurecht:

> *Er aber wandte sich um und sah seine Jünger und tadelte Petrus und sagte: Geh weg hinter mich, Satan! Denn du sinnst nicht auf das, was Gottes, sondern auf das, was der Menschen ist* (Mk 8,33).

Jesus tadelte auch Jakobus und Johannes, weil sie kein rechtes Herz hatten.

> *Und er sandte Boten vor seinem Angesicht her; und sie gingen hin und kamen in ein Dorf der Samariter, um für ihn Unterkunft zu bereiten. Und sie nahmen ihn nicht auf, weil sein Angesicht nach Jerusalem hin gerichtet war. Als aber seine Jünger Jakobus und Johannes das sahen, sprachen sie: Herr, willst du, dass wir sagen, dass Feuer vom Himmel herabfallen und sie verzehren soll? Er wandte sich aber um und schalt sie* (Lk 9,52-55).

Anscheinend hat Petrus seine Lektion in Bezug auf Motive gelernt. Später nämlich, in Apostelgeschichte 8, wies er Simon den Zauberer zurecht, weil dieser böse Absichten in seinem Herzen hatte. Er war nun in der Lage, andere auf rechte Weise zu korrigieren.

> *Als aber Simon sah, dass durch das Auflegen der Hände der Apostel der Geist gegeben wurde, brachte er ihnen Geld und sagte: Gebt auch mir diese Macht, dass der, dem ich die Hände auflege, den Heiligen Geist empfängt!*
> *Petrus aber sprach zu ihm: Dein Geld fahre mit dir ins Verderben, weil du gemeint hast, dass die Gabe Gottes durch Geld zu erlangen sei! Du hast weder Teil noch Recht an dieser Sache, denn dein Herz ist nicht aufrichtig vor Gott. Tu nun Buße über diese deine Bosheit und bitte den Herrn, ob dir etwa der Anschlag deines Herzens vergeben werde! Denn ich sehe, dass du voll bitterer Galle und in Banden der Ungerechtigkeit bist. Simon aber antwortete und sprach: Bittet ihr für mich den Herrn, damit nichts über mich komme von dem, was ihr gesagt habt!* (Apg 8,18-24).

Wir müssen darauf achten, dass wir die Gaben in selbstloser Liebe ausüben, nicht in Selbsterhöhung oder um damit Geld zu machen.

Aberglaube

> *Und doch hatte der HERR mit ihnen einen Bund geschlossen und hatte ihnen geboten:* ***Ihr sollt nicht andere Götter fürchten*** *...* ***und ihr sollt nicht andere Götter fürchten!*** *Und den Bund, den ich mit euch geschlossen habe, sollt ihr nicht vergessen* ***und sollt nicht andere Götter fürchten*** (2 Kön 17,35-38).

Es gibt viel zu viele Christen heutzutage, die glauben, dass sie geistlich seien, weil sie die Gegenwart von bösen Geistern „spüren" oder „territoriale Dämonen erkennen" können. Es ist gut, dass wir die Gegenwart von etwas Bösem erkennen können, aber was viele mit diesen Informationen gemacht haben, grenzt schon an Aberglaube.

Jesus beendete seine 40-tägige Fastenzeit (vgl. Mt 4) mit einer Konfrontation Auge in Auge mit Satan selbst, und dennoch sehen wir keinerlei Furcht aufseiten Jesu. Nichts Unheimliches, keinen Unfug – er war in seiner Identität fest gegründet und widerstand dem Teufel mit Worten aus der Schrift. Genauso sollte es sich auch bei uns verhalten. Es gibt heutzutage viele Christen, die geistlich gesehen so verkorkst sind, dass sie in ihrer Identität nicht fest gegründet sind.

Probleme mit Lust

> *Ihr wisst, dass es heißt: „Du sollst nicht die Ehe brechen!" Ich aber sage euch: Jeder, der eine Frau mit begehrlichem Blick ansieht, hat damit in seinem Herzen schon Ehebruch mit ihr begangen* (Mt 5,27-28 NGÜ).

Die starke Verbreitung von Pornographie, besonders durch das Internet, ist der Plan des Feindes, um Ihre Augen geistlich zu verschmutzen. Er ist sich dessen mehr bewusst als der Leib Christi, dass es die Absicht des Herrn ist, die Gabe der Unterscheidung der Geister in seinem Leib auf der ganzen Erde aufzuwecken.

Der Leib Christi ist der geistlichen Welt gegenüber viel zu lange blind gewesen, und **jetzt stellt Gott die Gabe der Unterscheidung wieder her.** Der Feind möchte den Lieb Christi gerne in eine Falle der sündhaften Bindung an die sexuelle Lust locken, damit die vom Herrn gewollte Wiederherstellung verhindert wird. (Falls Sie in diesem Bereich zu kämpfen haben, würde ich Ihnen sehr mein Buch „Eyes of Honor" empfehlen.[2])

Aktivierung

Jesus sagte:

> *Die Lampe des Leibes ist das Auge; wenn nun dein Auge klar ist, so wird dein ganzer Leib licht sein; wenn aber dein Auge böse ist, so wird dein ganzer Leib finster sein. Wenn nun das Licht, das in dir ist, Finsternis ist, wie groß die Finsternis!* (Mt 6,22-23).

Und in Psalm 101,3 (SLT) heißt es: *„Ich will nichts Schändliches vor meine Augen stellen."*

Bei vielen von uns wurden unsere geistlichen Augen mit dem Schmutz der Sünde verdunkelt. Drücken Sie folgendes Gebet mit Ihren eigenen Worten aus, um Ihre geistlichen Augen zu reinigen.

> *Herr Jesus,*
> *ich bekenne, dass ich gewisse Dinge mit meinen Augen betrachtet und mit meinen Ohren gehört habe, die sündhaft sind. Ich bitte dich um Vergebung und Reinigung. Ich vergebe jedem einzelnen Menschen, der mich verletzt oder beleidigt hat (setzen Sie ihre Namen ein und nennen Sie spezifisch, was sie Ihnen angetan haben). Wasche meine Augen rein und gib mir deine Gnade, in Freiheit und Unversehrtheit zu leben.*

Als eine prophetische Handlung spritzen Sie frisches Wasser auf ihre Augen.

---

[2] Jonathan Welton, *Augen der Ehre*, GloryWorld-Medien, Xanten 2015.

KAPITEL 10

Die Kraft der Liebe

Warum ein Kapitel über die Liebe?

Wenn wir uns den ersten Brief von Paulus an die Korinther anschauen, müssen wir uns in Erinnerung rufen, dass es ein Brief und kein Buch mit Kapiteln ist. Alle Gedanken in diesem Brief sind in Wirklichkeit miteinander verbunden und bauen aufeinander auf. In unserer Welt der Kapitel, Verse und endlosen Bibelübersetzungen kann der ursprüngliche Fluss in Paulus´ Briefen leicht in Vergessenheit geraten.

Wir merken uns also, dass der Brief ursprünglich nicht in Kapitel unterteilt war, und konzentrieren uns besonders auf die Kapitel 12 bis 14.

- Kapitel 12 enthält die Liste der neun Geistesgaben.
- Kapitel 13 ist das „Hohelied der Liebe".
- Kapitel 14 erklärt die Anwendung der Geistesgaben, wenn sich die Gemeinde versammelt.

Oft versäumen wir zu erkennen, dass Kapitel 13 absichtlich zwischen 12 und 14 steht. Jede geistliche Gabe muss in Liebe ausgeübt werden: *„Wenn ich in den Sprachen der Menschen und Engel* *rede, aber keine Liebe habe, so bin ich ein tönendes Erz geworden oder eine schallende Zimbel. Und wenn ich Weissagung habe und alle Geheimnisse"* (vgl. 1 Kor 13,1-2). Deshalb steht das „Hohelied der Liebe" mitten zwischen der Erörterung der Gaben.

Die Gaben müssen in Liebe ausgeübt werden. Viele Menschen haben ein verwaschenes Verständnis von Liebe oder begeben sich ins andere Extrem und pflegen ein strenges Verständnis einer sogenannten „harten Liebe".

Ich empfehle Ihnen Folgendes als Wegweiser: Bei der Unterscheidung der Geister betrachten wir alles im Leben durch die Augen Jesu. Es ist, als würden Sie eine Brille aufsetzen, die Sie dazu befähigt, Menschen und Situationen durch die Augen Jesu zu sehen. Jesus betrachtet alles durch eine „Linse" vollkommener Liebe. Wenn Sie wissen wollen, ob die Gabe der Geisterunterscheidung nun wirksam ist oder nicht, denken Sie an diese Definition.

Was ist Liebe?

Eine der bekanntesten Abschnitte der Bibel ist 1. Korinther 13. Er wird häufig bei Hochzeiten vorgetragen. Tatsache ist, dass 1. Korinther 13,4-8 eine der besten Beschreibungen von Liebe ist, die je geschrieben wurden. Dieser Abschnitt liefert 16 grundlegende Punkte im Hinblick darauf, was Liebe ist: (1) langmütig, (2) gütig, (3) beneidet nicht, (4) prahlt nicht, (5) bläht sich nicht auf, (6) ist nicht unanständig, (7) sucht nicht das Ihre, (8) lässt sich nicht erbittern, (9) rechnet das Böse nicht zu, (10) freut sich nicht über die Ungerechtigkeit, (11) freut sich mit der Wahrheit, (12) erträgt alles, (13) glaubt alles, (14) hofft alles, (15) erduldet alles, (16) vergeht niemals.

Im Galaterbrief finden wir eine weitere Beschreibung von Liebe, die viele übersehen haben. Wenn wir uns auf die Frucht des Geistes beziehen, die in Galater 5 erwähnt wird, denken wir oft, dass dort eine Liste von Charakterzügen aufgezählt wird. Der Abschnitt fängt mit Vers 22 an, der aussagt: *„Die Frucht des Geistes aber ist Liebe ..."* Beachten Sie, dass Frucht im Singular steht.

Wenn Sie den Text in der Ursprungssprache anschauen, steht die Frucht des Geistes tatsächlich auch im Singular – es handelt sich nicht um Früchte des Geistes. Liebe ist die eine Frucht des Geistes. Die acht Worte, die danach folgen *(„... Freude, Frieden, Langmut, Freundlichkeit, Güte, Treue, Sanftmut, Selbstbeherrschung")* sind lediglich weitere Beschreibungen dieser einen Frucht des Geistes. Mit anderen Worten: Liebe ist voller Freude, voller Frieden, voller Freundlichkeit und so weiter.

Viele haben die schwache Vorstellung von Liebe, dass sie lediglich ein Gefühl sei. Ein genauerer Blick ins Wort Gottes zeigt uns, dass Liebe eine Entscheidung ist. Gott hat die Welt so sehr geliebt, dass er die Entscheidung traf, etwas zu unternehmen (vgl. Joh 3,16). Wir müssen uns dazu entscheiden, im Lebensstil der Liebe zu wandeln. Die folgenden drei Verse machen sehr deutlich, dass Liebe eine Entscheidung ist:

> *Wir aber, die dem Tag gehören, wollen nüchtern sein,* ***bekleidet mit dem Brustpanzer des Glaubens und der Liebe*** *und als Helm mit der Hoffnung des Heils* (1 Thess 5,8).
>
> *Du aber, Mensch Gottes, fliehe diese Dinge;* ***strebe aber nach ... Liebe*** *...* (1 Tim 6,11).
>
> *Die jugendlichen Begierden aber fliehe,* ***strebe aber nach ... Liebe ...*** *mit denen, die den Herrn aus reinem Herzen anrufen!* (2 Tim 2,22).

Liebe ist keine Entscheidung, die man nur einmal trifft, sondern bedarf einer täglichen Entscheidung. Wir sollten dafür bekannt sein, dass sich unser gesamter Lebensstil um Liebe dreht. Sie ist der Filter, durch den all unsere Worte, Haltungen und Taten gehen müssen, bevor wir sprechen oder handeln.

> *Er hat uns geboten,* ***einander zu lieben,*** *so wie ihr es von Anfang an gehört habt* (2 Joh 1,6b NLB).
>
> *Und* ***wandelt in Liebe,*** *wie auch der Christus uns geliebt und sich selbst für uns hingegeben hat als Opfergabe und Schlachtopfer, Gott zu einem duftenden Wohlgeruch* (Eph 5,2).

Erhaltet euch in der Liebe Gottes (Jud 1,21).

Alles bei euch geschehe in Liebe (1 Kor 16,14).

Liebe hat eine bestimmte Art und Weise, wie sie andere behandelt. Wie wir gesehen haben, ist sie freundlich, langmütig, sanftmütig, rechnet das Böse nicht zu usw. Liebe hat auch eine einzigartige Eigenschaft an sich, nämlich die, dass sie Sünde zudeckt: *„Vor allem aber habt innige Liebe untereinander; denn die Liebe wird eine Menge von Sünden zudecken"* (1 Petr 4,8 SLT).

Wir sind dazu berufen, einander innig zu lieben, doch sind viele davon abgehalten worden, weil Sünde nicht zugedeckt wurde. Über Sünde muss Buße getan werden, sie muss vergeben werden und sie muss dann aus den Akten gestrichen werden. Ohne Liebe sehen wir einander immer noch aus der Perspektive des letzten Vergehens. Liebe gibt uns buchstäblich die Augen zurück, einander ohne die begangene Sünde zu sehen.

Sogar in den Fällen, in denen eine Konfrontation und Aufdecken der Sünde nötig sind, um sie zu bereinigen, gibt es einen richtigen Weg, damit umzugehen. Die Wahrheit muss in Liebe ausgesprochen werden. Dies hat mit unseren Beweggründen zu tun. Wir sollten die Wahrheit nicht sprechen, nur um uns selbst zu bestätigen; wir sprechen die Wahrheit nicht aus, um andere zu verletzen; wir sprechen die Wahrheit aus einem Herzen der Liebe, einem Herzen, welches das Verlangen nach Heilung und Wiederherstellung hat: *„Lasst uns aber die Wahrheit reden in Liebe ..."* (vgl. Eph 4,15a).

Zieht nun an als Auserwählte Gottes, als Heilige und Geliebte: herzliches Erbarmen, Güte, Demut, Milde, Langmut! ... ***Zu diesem allen aber zieht die Liebe an,*** *die das Band der Vollkommenheit ist* (Kol 3,12.14).

Liebe nimmt den höchsten Platz über allen anderen Tugenden in der Bibel ein. Sie ist von allergrößter Wichtigkeit. Sie hat nicht nur die höchste Priorität, sondern ist auch der Klebstoff, der alle anderen Tugenden in vollkommener Balance hält. Für jemanden, dessen höchster Wert Kühnheit ist, wäre es leicht, andere schlecht zu behandeln. Aber Kühnheit kommt erst dann optimal und im vollen Maß zum Ausdruck, wenn das Motiv dabei Liebe ist.

Liebe ist genauso mächtig wie zwei der bösen Kräfte in dieser Welt: Furcht und Tod. Im Hohelied Salomos heißt es, dass Liebe so stark ist wie der Tod (8,6), und im ersten Johannesbrief steht, dass keine Furcht in der Liebe ist: *„Furcht ist nicht in der Liebe, sondern die vollkommene Liebe treibt die Furcht aus, denn die Furcht hat es mit Strafe zu tun. Wer sich aber fürchtet, ist nicht vollendet in der Liebe"* (1 Joh 4,18).

Liebe ist in der geistlichen Welt buchstäblich eine Kraft. Sie ist so stark wie der Tod, und die vollkommene Liebe treibt die Furcht aus. Im Leib Christi haben sich viele nach größerem Glauben ausgestreckt, aber selbst Glaube wird ohne Liebe nicht in rechter Weise wirksam: *„Glaube wird durch Liebe wirksam"* (vgl. Gal 5,6b).

Als es um Glauben ging, sagte Jesus: *„Denn wahrlich, ich sage euch, wenn ihr Glauben habt wie ein Senfkorn, so werdet ihr zu diesem Berg sagen: Hebe dich weg von hier dorthin, und er wird sich hinwegheben. Und nichts wird euch unmöglich sein"* (Mt 17,20b; vgl. auch Lk 17,6).

Glaube hat eine Macht oder Kraft, die groß genug ist, Berge zu versetzen. Jetzt schauen Sie sich aber folgende Wahrheit an: *„Nun aber bleibt Glaube, Hoffnung, Liebe, diese drei;* ***die größte aber von diesen ist die Liebe"*** (1 Kor 13,13).

Das ist eine erstaunliche Aussage: Liebe ist eine größere Kraft als Hoffnung oder sogar Glaube. Tausende Predigten und Bücher sind über die unglaubliche Kraft des Glaubens verfasst worden, aber die noch größere Kraft der Liebe hat nicht so viel Aufmerksamkeit erhalten. Wenn ein Senfkorn von Glauben einen Berg hinwegheben oder einen Baum entwurzeln und ins Meer werfen kann, welches Ausmaß von herrlicher Kraft ruht dann in der Liebe? **Was wäre, wenn wir unser Leben mit nur senfkorngroßer Liebe lebten?** Das würde weit darüber hinausgehen, als nur Berge zu versetzen. Ich glaube, dass dies der Bereich ist, in den Gott seine Gemeinde weltweit hineinruft.

> *[Und ich bete, dass] ihr in Liebe gewurzelt und gegründet seid, damit ihr imstande seid, mit allen Heiligen völlig zu erfassen, was die Breite und Länge und Höhe und Tiefe ist und zu erkennen die Erkenntnis übersteigende Liebe des Christus, damit ihr erfüllt werdet zur ganzen Fülle Gottes* (Eph 3,17b-19).

Dies baut auf unseren vorigen Gedanken auf, dass Liebe größer als Glauben ist. Nur indem wir sie erfassen und fest in ihr verwurzelt sind, können wir mit der ganzen Fülle Gottes erfüllt werden. Wie es in Epheser 3,19 heißt: „... *die Erkenntnis übersteigende Liebe des Christus ...*"

Wie würde es aussehen, „mit der ganzen Fülle Gottes erfüllt zu sein"? Ich glaube, es wäre die reinste Form davon, so wie Jesus zu sein. Denn das Wort sagt: „*Denn es hat Gott wohlgefallen, dass in ihm* (Jesus) *alle Fülle wohnen sollte*" (Kol 1,19 LU84).

Bedingungslose Liebe

Wir haben alle bestimmt schon einmal den Begriff *bedingungslose Liebe* gehört. Als Christen sollten wir das beste Verständnis davon haben, was dieser Begriff bedeutet, weil Jesus die einzige Person ist, die jemals in vollkommener Weise bedingungslose Liebe demonstriert hat. Wenn das Wort *bedingungslos* gebraucht wird, bezieht sich das darauf, wie wir als Menschen üblicherweise Bedingungen an eine Beziehung stellen, wie zum Beispiel: „Wenn du dies machst, werde ich so reagieren." Jesus durchbrach diese auf einem Handel beruhende Art von Beziehungen, indem er nichts mehr von uns forderte. Er hat uns um nichts gebeten, als wir noch in Sünde verloren waren. Wie es in Johannes 3,16 heißt: „*Denn so hat Gott die Welt geliebt, dass er seinen eingeborenen Sohn gab, damit jeder, der an ihn glaubt, nicht verloren geht, sondern ewiges Leben hat.*"

Gott hat Sie nicht darum gebeten, irgendetwas im Vorfeld zu tun, damit er Sie liebt; er hat sich entschieden, uns ohne jegliche Vorbedingung zu lieben und uns gegenüber in Liebe zu handeln. Der Apostel Paulus wiederholt diesen Punkt in Römer 5,6-8: „*Denn Christus ist, als wir noch kraftlos waren, zur bestimmten Zeit für*

Gottlose gestorben. Denn kaum wird jemand für einen Gerechten sterben; denn für den Gütigen möchte vielleicht jemand auch zu sterben wagen. Gott aber erweist seine Liebe zu uns darin, dass Christus, als wir noch Sünder waren, für uns gestorben ist."

Bedingungslose Liebe ist eine Art von Liebe, die wir als Menschen schwer fassen können. Viele Menschen versuchen ihr ganzes Leben lang, so zu leben und zu handeln, dass sie von anderen angenommen werden, doch liebt Jesus (Gott der Vater und der Heilige Geist mit eingeschlossen) uns ohne jegliche Vorbedingung. Epheser 3,19 erklärt, dass diese Liebe *„die Erkenntnis übersteigt"*, und in Römer 8,39 heißt es, dass uns nichts *„wird scheiden können von der Liebe Gottes, die in Christus Jesus ist, unserem Herrn"*.

Wie kann die Liebe wachsen?

Die nächste logische Frage dazu wäre: „Wie kann ich mehr von dieser Liebe in meinem Leben haben?"

An dieser Stelle würde ich gerne eine Geschichte mitteilen, die Kenneth Hagin Senior geschrieben hat und einen wichtigen Punkt über das Wachstum in der Liebe veranschaulicht.

> Ich hielt einmal eine Veranstaltung ab, zu deren Gottesdiensten auch drei Pastoren kamen. Nach der Versammlung gingen wir zusammen essen und hatten Gemeinschaft. Diese drei Pastoren schnitten dann das Thema der Liebe Gottes an. Ich habe ihrem Gespräch einfach gelauscht. Selbst habe ich nicht viel gesprochen. Wissen Sie, manchmal können Sie mehr lernen, wenn Sie nur zuhören, anstatt selbst zu reden, weil Sie ja schon alles wissen, was *Sie* wissen!
>
> Wie dem auch sei, diese Pastoren unterhielten sich darüber, wie viele Gläubige darin versagen, ein Leben in Liebe zu führen. Einer der Pastoren kam schließlich zum Punkt und sagte: „Ich sag euch was: Wir müssen beten! Wir müssen beten, dass Gott uns Liebe schenkt. Wir besitzen einfach nicht die Liebe Gottes, wie es der Fall sein sollte."
>
> Ich habe nichts dazu gesagt. Aber ich dachte mir: „Da die Liebe Gottes ja schon in unsere Herzen ausgegossen ist, ist es doch

eher so: Wenn ein Mensch keine Liebe zu haben scheint, muss er einfach lernen, im Licht dessen zu wandeln, was er bereits hat. Darin liegt doch das eigentliche Problem" (vgl. Röm 5,5).

Schließlich fragte mich einer der Pastoren: „Bruder Hagin, was denkst du darüber?" So erwiderte ich: „Willst du das wirklich wissen?" „Ja", war seine Antwort. „Also, wenn ihr alle keine Liebe habt, so wie ihr gerade darüber gesprochen habt, dann müsstet ihr erst einmal errettet werden!" Voller Erstaunen sahen sie mich an, als hätte ich ihnen mit einem nassen Geschirrtuch ins Gesicht geschlagen.

Ich fuhr fort: „Ihr redet so, als hätten wir die Liebe Gottes noch gar nicht. Die Bibel stellt aber fest: ‚*Wir wissen, dass wir aus dem Tod in das Leben hinübergegangen sind, weil wir die Brüder lieben; wer nicht liebt, bleibt im Tod.*' Und wenn wir errettet sind, haben wir die Liebe Gottes in unser Herz empfangen, weil die Bibel uns ja lehrt: ... *die Liebe Gottes ist ausgegossen in unsere Herzen durch den Heiligen Geist* ... (1 Joh 3,14; Röm 5,5).

Weil er jedem Gläubigen bereits ein Maß der Liebe geschenkt hat, genauso wie er jedem Gläubigen ein Maß des Glaubens gegeben hat, geht es also nicht darum, zu beten, dass Gott uns Liebe senden möge. Es geht nur darum, anzufachen und zu gebrauchen, was bereits in uns ist."

Ich sagte: „Wenn du errettet bist, hast du bereits ein Maß der Liebe. Du kannst so lange beten, dass Gott dir mehr Liebe geben solle, bis du im Gesicht blau anläufst, aber die Liebe, die du hast, wird niemals zunehmen, solange du sie nicht mit Gottes Wort nährst und sie praktizierst, sodass sie sich entfalten kann. Wenn du sie entfaltest, wird sie zunehmen. Sie mit dem Wort Gottes zu nähren und sie zu praktizieren, wird die Liebe zunehmen lassen. Liebe muss ausgeübt werden, bevor sie Ergebnisse hervorbringen wird. Aber wenn du treu darin bist, dich in der Liebe zu üben, wird dies große Frucht hervorbringen."[1]

---

[1] Kenneth E. Hagin, *Liebe – der Weg zum Sieg*, Bonn 2010.

Wie wandeln wir in dieser Liebe, die in unsere Herzen ausgegossen wurde?

> *Und wir haben* ***erkannt und geglaubt die Liebe, die Gott zu uns hat.*** *Gott ist Liebe, und* ***wer in der Liebe bleibt,*** *der bleibt in Gott und Gott bleibt in ihm. Hierin ist die Liebe bei uns vollendet worden, dass wir Freimütigkeit haben am Tag des Gerichts, denn wie er ist, sind auch wir in dieser Welt* (1 Joh 4,16-17).

Als Erstes müssen wir anerkennen und darauf vertrauen, dass Gott uns liebt. Zweitens müssen wir so leben, dass wir diese Liebe auf andere überströmen lassen. Viele Christen versuchen, anderen gegenüber in Liebe zu wandeln, ohne fortwährend die Liebe anzuerkennen und in Anspruch zu nehmen, die Gott für sie hat. Wenn Sie auf die Liebe, die Gott für Sie hat, ausgerichtet bleiben, dann wird diese Liebe automatisch auf andere überfließen.

Ohne Liebe gibt es keine geistliche Unterscheidung

> *Strebt nach der Liebe; eifert aber nach den geistlichen Gaben, besonders aber, dass ihr weissagt* (1 Kor 14,1).

Ich habe herausgefunden, dass wir die Grundlage des „Strebens nach der Liebe" benötigen, bevor die Gaben, nach denen wir „eifern", richtig wirksam werden. Es mag sein, dass Sie ein begrenztes Offenbarwerden der Gaben erleben, ohne dass Sie in der Liebe wandeln. Letzten Endes aber wird das Herz Gottes dadurch nicht zum Ausdruck kommen.

Wenn die Liebe schwindet, lässt auch die Unterscheidungsfähigkeit nach

Mir persönlich fällt es schwer, in den Geistesgaben wirksam zu werden, wenn ich nicht in der Liebe lebe. Wenn zum Beispiel jemand mit einer schwierigen Persönlichkeit in der Nähe ist und ich versuche, mein Unterscheidungsvermögen zu fokussieren, bekomme ich ein Problem. Durch die Anwesenheit des schwierigen

Menschen ist mein Geist in Unruhe versetzt und ich bin nicht in der Lage, in die Liebe hineinzukommen und angemessen zu dienen. Ich versuche dann meine Liebe auf eine bestimmte Person zu richten, während meine Unterscheidungsfähigkeit meine schlechte Haltung der anderen gegenüber wahrnimmt. Dann stehe ich mir buchstäblich selbst im Wege.

Liebe ist erkennbar

> *Daran werden alle erkennen, dass ihr meine Jünger seid, wenn ihr Liebe untereinander habt* (Joh 13,35).

Während es wahr ist, dass es ein Kennzeichen dafür ist, dass jemand unter Gottes Gunst und Salbung lebt, wenn er so großen Glauben hat, dass er Berge versetzen kann, ist Liebe die Eigenschaft, an der man laut Jesus seine Jünger erkennt.

Aktivierung

> *Und wir haben erkannt und geglaubt die Liebe, die Gott zu uns hat. Gott ist Liebe, und wer in der Liebe bleibt, bleibt in Gott und Gott bleibt in ihm* (1 Joh 4,16).

Schließen Sie Ihre Augen und aktivieren Sie Ihre Vorstellungskraft. Fokussieren Sie sich auf die Tatsache, dass Gott seine Liebe in Ihr Herz ausgegossen hat. Rufen Sie sich ins Gedächtnis, dass Sie sich auf Gottes Liebe verlassen. Erkennen Sie die Liebe an, die in Ihnen ist. Stellen Sie sich bildlich vor, wie sie hervorsprudelt, jede Wunde heilt, Freiheit bewirkt und Ihre Erinnerungen heilt. Die Wahrheit der Liebe Gottes, die er für Sie hat und die in Ihnen ist, wird Sie befreien. Diese Liebe verleiht Ihnen die Fähigkeit, die Welt mit den Augen Jesu zu sehen.

Stellen Sie sich die Menschen in Ihrem Leben vor, denen Sie vergeben müssen – diejenigen, die Sie verletzt haben – und schauen Sie diese durch die Augen der Liebe an und vergeben Sie ihnen. Nehmen Sie sich jetzt 5 bis 10 Minuten Zeit und schenken Sie diese Jesus. Konzentrieren Sie sich auf die Liebe Jesu und sinnen Sie über diese Wahrheiten nach.

TEIL III

Die Gabe entfalten

KAPITEL 11

Vier Schlüssel, damit der Glaube wächst

Der Herr zeigte mir einmal ein Bild von einem langen Korridor, in dem auf beiden Seiten Türen waren, ähnlich wie in einem Hotel. Auf jeder Tür war der Titel einer biblischen Erfahrung geschrieben. Auf der ersten Tür stand: „Die Tür der Errettung." Auf der nächsten Tür stand: „Die Tür der Taufe im Heiligen Geist." Es gab unendlich viele Türen, jede mit einer anderen Bezeichnung, wie zum Beispiel: „Die Tür der Heilung" oder „Die Tür der Befreiung".

An jeder dieser Türen befand sich ein Schloss. Um Zugang zu diesen Erfahrungen zu bekommen, brauchte man einen Schlüssel. Der Herr zeigte mir, dass es einen Schlüssel gab, mit dem alle diese Türen geöffnet werden konnten: Glaube. Obwohl das Wort Gottes voller Verheißungen und Wahrheiten ist, ist der Schlüssel des Glaubens erforderlich, um jede Tür der Verheißung zu öffnen.

Glaube sollte uns immer in eine Erfahrung dessen hineinführen, wofür wir Glauben haben: Habe ich Glauben für Errettung, sollte ich Errettung erleben. Habe ich Glauben für die Taufe im Heiligen Geist, sollte ich die Taufe im Heiligen Geist erleben. Jede Verheißung in der Bibel wird durch Glauben erfahren. Glaube ist der Schlüssel, der jede Tür zu Erfahrungen öffnet. *„Darum sage ich euch: Alles, was ihr auch betet und bittet, glaubt, dass ihr es* *empfangen habt, und es wird euch werden"* (Mk 11,24). Glaube führt uns in eine Erfahrung hinein.

Die Bibel ist voll mit Verheißungen, was wir durch Glauben alles empfangen und praktisch erleben können. Wenn wir das Kapitel Hebräer 11 betrachten, das den Spitznamen „die Glaubenshalle" hat[1], so hatte jede darin erwähnte Person eine Erfahrung mit Gott, und jede dort beschriebene Geschichte war von Glauben geprägt. Der Schlüssel für ihre Erfahrungen war, dass sie im Glauben in sie eingetreten sind. Wenn wir eine stärkere Unterscheidungsfähigkeit erleben wollen, brauchen wir größeren Glauben. Das erfordert, dass wir nicht nur gedanklich damit übereinstimmen, sondern aktiv glauben und dadurch den Schlüssel im Schlüsselloch umdrehen. Ich kann mit meinem Verstand aussprechen, dass ich glaube, dass Gott mich heilen kann, aber wenn ich keinen aktiven Glauben habe, werde ich die entsprechende Erfahrung nicht machen.

Türen der Erfahrung

Im Folgenden liste ich zehn Beispiele von Wahrheiten auf, die im Glaubensleben erkannt, gefühlt, gelebt, genossen und erfahren werden können.

1. **Errettung** – Aus Gnade sind wir gerettet durch Glauben (vgl. Eph 2,8).
2. **Heilung** – Durch seine Wunden sind wir geheilt (vgl. Jes 53,3-5; 1 Petr 2,24).
3. **In Christus bleiben** – Wir sind mit Christus verborgen in Gott (vgl. Kol 3,1-3).
4. **Erkenntnis** – Wir haben den Sinn Christi (vgl. 1 Kor 2,16).
5. **Kraft** – Dein Wille geschehe wie im Himmel so auf Erden (vgl. Mt 6,10).
6. **Freude** – In seiner Gegenwart ist Freude die Fülle (vgl. Ps 16,11).

[1] engl. „The Hall of Faith" (Wortspiel zu „Hall of Fame").

7. **Autorität** – Wir sitzen mit ihm in der Himmelswelt (vgl. Eph 2,1-10).
8. **Gott hören** – Meine Schafe hören meine Stimme (vgl. Joh 10,27).
9. **Frucht des Geistes** – Da wir im Geist leben, so lasst uns auch im Geist wandeln (vgl. Gal 5,22-25).
10. **Intimität** – Wer aber dem Herrn anhängt, der ist ein Geist mit ihm (vgl. 1 Kor 6,17).

Nun mögen Sie all das für gutheißen, sich aber fragen, was dies denn mit dem Sehen im Geist zu tun habe. Der Zusammenhang besteht darin, dass wir *„durch Glauben, nicht durch Schauen"* wandeln (2 Kor 5,7). Es ist der Glaube, der unsere geistlichen Augen befähigt. Glaube hilft uns, das Unsichtbare zu sehen. Wir treffen keine geistlichen Entscheidungen anhand dessen, was wir mit unseren physischen Augen sehen können. Glaube liest das Wort und sieht die Engel, die uns umgeben. Glaube sieht täglich die Gegenwart Jesu, so wie er gesagt hat: „Ich will dich nicht verlassen und nicht von dir weichen." Die meisten Menschen sind damit zufrieden, diese Wahrheiten zu hören, stehen aber außerhalb der Tür der Wahrheit und treten niemals ein. Glaube kann nicht mit dem alleinigen Wissen um Wahrheit befriedigt werden. Glaube ist nur zufriedengestellt, wenn jemand in die Wahrheit hineintritt.

Wir müssen uns ins Gedächtnis rufen, dass das Wort Gottes lebt und wirksam ist. Es ist lebendig und wartet darauf, dass Sie seine herrlichen Reichtümer erfahren. Die Erfahrung von Engeln, dem Himmel, der manifesten Gegenwart Gottes, Visionen, Trancen und Träumen steht uns durch Glauben zur Verfügung. Um die Balance zu wahren, werde ich an dieser Stelle eine Vorsichtsmaßnahme nennen: Sie können nicht einfach eine Schriftstelle herausgreifen und sie ohne die Führung des Heiligen Geistes wie ein Schwert schwingen. Denken Sie daran, dass das Wort Gottes das Schwert des Geistes ist, und dies bedeutet, dass es das Schwert des Heiligen Geistes und nicht Ihr Schwert ist. Wir müssen uns dem Heiligen Geist unterordnen, damit wir es sicher und kraftvoll schwingen.

Treten Sie hinein

Viele von uns sind durch die Tür der Errettung, der Taufe im Heiligen Geist, der Heilung, der Befreiung und des Hörens der Stimme Gottes gegangen und haben alle diese Erfahrungen gemacht. Bis hierhin reicht ungefähr die Erfahrung der Gemeinde in der westlichen Welt, denn so weit war sie bereit, sich in den Glaubenskorridor vorzuwagen.

Diese Türen sind diejenigen, über die im Allgemeinen gepredigt wird, an die man glaubt und die von vielen durchschritten werden. Dennoch erschöpft sich die Schrift nicht allein in diesen wenigen wundervollen Erfahrungen. **Gott hat uns ein ganzes Buch voller Wahrheiten gegeben, in die wir eintreten sollen.** Und keiner von uns wird jemals alles ausschöpfen, was durch Glauben erfahren werden kann.

Erfahren wir zum Beispiel schon in vollem Maße, was es bedeutet, „in Christus zu sein" oder „in der Himmelswelt zu sitzen" oder „ein Geist mit ihm zu sein" oder „im Geist zu wandeln" oder „den Sinn Christi zu haben"? Ich möchte Sie ermutigen: Es gibt noch so viel mehr! Dringen Sie weiter in den Korridor vor.

Einige Türen sind schwerer zu öffnen

Die Tür zur Errettung ist aktiv in Gebrauch und wird bereits seit Jahrhunderten gelehrt. Martin Luther war ein Pionier, der diese Tür für den Leib Christi aufgestoßen hat. Heutzutage kann man die Errettung aus Gnade durch Glauben leicht erfahren.

Inzwischen wird Errettung in jeder echten Gemeinde gelehrt und kann jedem jederzeit mit Zuversicht vermittelt werden, sogar einem Obdachlosen auf der Straße oder einem Reichen an der Wall Street. Doch scheint es bei einigen Türen schwieriger zu sein, sie zu erfahren. Prophetie zum Beispiel. Vielleicht kann ich glauben: *„Meine Schafe können meine Stimme hören"*, aber es ist anscheinend nicht so, dass ich immer erfahre, dass ich seine Stimme höre.

Eine Erklärung dafür könnte sein, dass einige der nicht so häufig gebrauchten Türen – bildlich gesprochen – Rost angesetzt haben und deshalb quietschen und schwer zu öffnen sind. Dies mag der Grund dafür sein, warum einige Menschen immer noch nicht geheilt oder befreit sind; die Gemeinde hat eine gewisse Ebene des Durchbruchs noch nicht erlangt bzw. nicht bewahren können.

Ohne Glauben lassen sich keine Türen öffnen

> *Denn auch uns ist eine gute Botschaft verkündigt worden, wie auch jenen; aber das gehörte Wort nützte jenen nicht, weil es bei denen, die es hörten, sich nicht mit dem Glauben verband* (Hebr 4,2).

Das Wort Gottes kann durch die Reaktion seines Hörers zunichtegemacht werden. Aus diesem Vers geht hervor, dass das Wort, das verkündigt wurde, keinen Mangel in sich trug, aber es mangelte an Glauben aufseiten bestimmter Zuhörer. Diejenigen, die es mit Glauben hörten, empfingen die Verheißung, während jene, die es hörten und die Botschaft nicht mit Glauben verbanden, nichts empfingen. Dieses Prinzip wird in folgender Aussage zusammengefasst: „Sie empfangen gemäß dem, was Sie investieren." Wenn Sie das Wort Gottes, das Sie gehört haben, nicht mit Glauben verbinden, dann werden Sie auch nicht die Verheißung dieses Wortes empfangen. Gott hat Ihnen die Autorität verliehen, seine Verheißungen entweder zu empfangen oder sie außer Kraft zu setzen, je nachdem, wie Sie reagieren.

Praktische Schlüssel, damit der Glaube wächst

Erfahrungen sind das, woraus Beziehungen bestehen. Wenn Sie sich nach einer engeren Beziehung mit Gott sehnen, dann schließt Ihr Verlangen eine tiefere Erfahrung mit ihm ein. Da wir verstehen, dass Glaube uns in tiefere Erfahrungen hineinführt, sollten wir ein Verlangen nach größerem Glauben haben. Unser Herz sollte dem der Jünger entsprechen, die in Lukas 17,5 zum Herrn sagten: *„Mehre uns den Glauben!“* Hier folgen vier praktische Schlüssel im Wort Gottes, die den Glauben wachsen lassen.

1. Gebet und Fasten

> *Als sie zu der Menschenmenge zurückgekehrt waren, kam ein Mann zu Jesus, fiel vor ihm nieder und sagte: „Herr, hab Erbarmen mit meinem Sohn! Er leidet unter schweren Anfällen. Oft stürzt er dabei sogar ins Feuer oder ins Wasser. Ich habe ihn zu deinen Jüngern gebracht, aber sie konnten ihm nicht helfen.“ Jesus rief: „Warum vertraut ihr Gott so wenig? Warum hört ihr nicht auf ihn? Wie lange muss ich noch bei euch sein und euch ertragen? Bringt das Kind her zu mir!“*
> *Jesus bedrohte den bösen Geist. Sofort ließ er von dem Kranken ab, und der Junge war wieder gesund. Als sie später unter sich waren, fragten die Jünger Jesus:* ***„Weshalb konnten wir diesen Dämon nicht austreiben?“*** *„Weil ihr nicht wirklich glaubt“, antwortete Jesus. „Wenn euer Glaube nur so groß wäre wie ein Senfkorn, könntet ihr zu diesem Berg sagen: ‚Rücke von hier dorthin!‘, und es würde geschehen. Nichts wäre euch unmöglich! Solche Geister können nur durch Gebet und Fasten vertrieben werden* (Mt 17,14-21 HFA).

Jesus sagt, es läge an ihrem Kleinglauben, und anschließend nennt er ihnen das „Heilmittel“: Gebet und Fasten. Das würde bewirken, dass sie den Glauben bekämen, den sie für die Heilung und die Befreiung des Kindes bräuchten. Fasten ist eins von vier Dingen, die wir tun können, um größeren Glauben aufzubauen. Großer Glaube führt zu größerer Erfahrung.

Mehr übers Fasten

Wenn ich faste, fragen mich Menschen oftmals: „Hat Gott dir gesagt, dass du fasten sollst?“ Daraufhin habe ich darüber nachgedacht, warum Menschen mir diese Frage stellen, besonders weil ich normalerweise darauf antworte: „Nein, er hat mir nicht gesagt, dass ich fasten solle; ich habe mich einfach dazu entschlossen zu fasten.“ Es gibt nichts, was uns als neutestamentliche Gläubige vorschreibt, wann wir fasten sollten, wie lange wir fasten sollten usw. Im Alten Testament gab es feste Zeiten zum Fasten, aber das Neue Testament schreibt uns diese Dinge nicht vor.

Dasselbe trifft für das Beten im Heiligen Geist oder das Hören auf ein „Rhema"-Wort vom Herrn zu. Das Wort Gottes sagt uns, dass diese Dinge unseren Glauben aufbauen, aber der Herr befiehlt uns nicht, dass wir sie ausüben müssen; er stellt sie uns einfach zur Verfügung. Ich glaube, dass jede einzelne dieser Aktivitäten unseren Glauben aufbauen wird und uns gleichzeitig stärker befähigt, entsprechende Erfahrungen zu machen.

Gott hat uns die Werkzeuge gegeben, um genug Glauben aufzubauen, um durch jede Tür zu gehen, und dennoch lässt er uns den freien Willen, dass wir selbst entscheiden, wann wir fasten, wann wir beten und wann wir hören wollen. Wenn wir uns entscheiden, unseren Glauben aufzubauen, ist das etwas, das wir selbst initiieren, und als Reaktion darauf mehrt er unseren Glauben, sodass wir mehr von seinem Königreich erfahren können. Dies ist ein grundlegendes Element in unserer Beziehung mit Gott; er lässt uns die Wahl, welche Art von Beziehung wir mit ihm haben wollen: *„Naht euch Gott, und er wird sich euch nahen"* (Jak 4,8). Man könnte es auch so ausdrücken: „Wir sind nun am Ball."

2. Beten im Geist

> *Ihr aber, Geliebte, erbaut euch auf eurem heiligsten Glauben, betet im Heiligen Geist* (Jud 1,20).

Im Geist zu beten ist etwas anderes als zu fasten, denn wenn Sie in eine Situation geraten, in der Sie sofort Zugang zum Glauben brauchen, können Sie in Sekundenschnelle anfangen im Geist zu beten. Fasten dagegen macht man im Voraus, um einen Glaubensvorrat anzulegen. Wir können uns täglich füllen, indem wir im Geist beten, aber es steht uns auch jederzeit zur Verfügung.

3. Das prophetische Wort Gottes hören

> *Demnach kommt der Glaube aus der Verkündigung [w. aus dem Gehörten], die Verkündigung aber durch Gottes Wort [rhema]* (Röm 10,17 SLT).

Das Rhema-Wort Gottes bedeutet, dass der Herr seine Worte in prophetischer Weise auf Sie in Ihrer Situation bezieht. Er spricht diese Dinge direkt in Ihren Geist hinein, um Sie zu ermutigen, zu stärken und zu trösten. Dies verleiht Ihnen größeren Glauben. Der Prophet Bill Hamon sagt Folgendes:

> Ein *Rhema*-Wort ist ein Wort oder eine Veranschaulichung, die Gott uns direkt zuspricht, und geht auf unsere besondere persönliche Situation ein. Es ist ein vom Heiligen Geist inspiriertes Wort aus dem Logos (der Bibel), das zur rechten Zeit kommt und das auch Leben, Kraft und Glauben mit sich bringt, um es umzusetzen und zu erfüllen. Seine Bedeutung wird in der Aufforderung deutlich, dass wir das *„Schwert des Geistes, welches das Wort [rhema] Gottes ist"*, nehmen sollen (Eph 6,17).
> Wir können es durch andere als ein prophetisches Wort empfangen, es kann uns aber auch direkt gegeben werden, während wir über die Bibel nachsinnen oder beten. Das *Logos* ist das feststehende Wort Gottes – die Bibel –, und das *Rhema* ist ein spezieller Teil davon, der mit dem Logos übereinstimmt und vom Heiligen Geist ausgelöst wird, damit er auf eine bestimmte Angelegenheit in unserem persönlichen Leben direkt angewendet wird.[1]

4. Gemeinschaft mit Menschen des Glaubens pflegen

> *Um bei euch mitgetröstet zu werden, ein jeder durch den Glauben, der in dem anderen ist, sowohl euren als auch meinen* (Röm 1,12b).

In Sprüche 27,17 heißt es: *„Eisen schärft Eisen."* Mit jemandem zusammen zu sein, der größeren Glauben hat als Sie, treibt Sie zu größerem Glauben an. Ermutigung kann auch durch zwei gleichstarke Gläubige geschehen, wenn sie einander zu größerem Glauben an den Herrn herausfordern. Persönlich werde ich über die Maßen ermutigt, wenn ich Lehrern mit großem Glauben wie Bill

[1] Bill Hamon, *Apostles, Prophets, and the Coming Moves of God* (Santa Rosa Beach, FL: Christian International, 1997), 284–285.

Johnson oder Heidi Baker zuhöre. Ich höre mir regelmäßig Aufnahmen ihrer Lehren an, um meinen Glauben zu stärken. Auch treffe ich bewusste Entscheidungen, mich mit Menschen des Glaubens zum Essen zu treffen, damit wir uns gegenseitig ermutigen können.

„Gute Werke"

> *Was nützt es, meine Brüder, wenn jemand sagt, er habe Glauben, hat aber keine Werke? Kann etwa der Glaube ihn erretten? Wenn aber ein Bruder oder eine Schwester dürftig gekleidet ist und der täglichen Nahrung entbehrt, aber jemand unter euch spricht zu ihnen: Geht hin in Frieden, wärmt euch und sättigt euch! Ihr gebt ihnen aber nicht das für den Leib Notwendige, was nützt es? So ist auch der Glaube, wenn er keine Werke hat, in sich selbst tot. Es wird aber jemand sagen: Du hast Glauben, und ich habe Werke. Zeige mir deinen Glauben ohne Werke, und ich werde dir aus meinen Werken den Glauben zeigen* (Jak 2,14-18).

Ich habe entdeckt, dass jedes Mal, wenn ich über die vier Schlüssel des Glaubens lehre, immer ein Schwarzmaler nach dem Gottesdienst zu mir kommt, um mich zu warnen. Seine oder ihre Vorhaltung lautet, dass ich mit der Lehre der vier Glaubensschlüssel vorsichtig sein müsse, weil sie wie eine Formel für „gute Werke" ausgelegt werden könnte. Die unausgesprochene Prämisse dabei ist, dass Gnade und Werke nicht miteinander zu vereinbarende Einheiten sind.

Dies ist grundsätzlich nicht wahr.

Nachdem wir die Errettung durch Gnade empfangen haben, sollten gute Werke als natürliche Begleiterscheinung aus uns herausfließen. Der Jakobusbrief deutet an, dass die Errettung eines Gläubigen fragwürdig sei, wenn keine guten Werke hervorkommen. Gute Werke sind die Frucht und der Beweis von Gnade und Glauben.

> *Willst du aber erkennen, du eitler Mensch, dass der Glaube ohne die Werke nutzlos ist? Ist nicht Abraham, unser Vater, aus Werken gerechtfertigt worden, da er Isaak, seinen Sohn, auf den Opferaltar legte? Du siehst, dass der Glaube mit seinen Werken zusammenwirkte und der Glaube aus den Werken vollendet wurde. Und die Schrift wurde erfüllt, welche sagt: Abraham aber glaubte Gott, und es wurde ihm zur Gerechtigkeit gerechnet, und er wurde Freund Gottes genannt. Ihr seht also, dass ein Mensch aus Werken gerechtfertigt wird und nicht aus Glauben allein. Ist aber ebenso nicht auch Rahab, die Hure, aus Werken gerechtfertigt worden, da sie die Boten aufnahm und sie auf einem anderen Weg hinausließ? Denn wie der Leib ohne Geist tot ist, so ist auch der Glaube ohne Werke tot* (Jak 2,20-26).

Bei den vier genannten Schlüsseln des Glaubens geht es nicht darum, dass wir durch gute Werke unsere Errettung erlangen; die Schlüssel funktionieren erst, nachdem wir die Errettung empfangen haben. Sobald wir ins Königreich Gottes hineingekommen sind, gibt es bestimmte Dinge, für die wir uns entscheiden können, damit die Substanz unseres Vertrauens und unseres Glaubens im geistlichen Bereich aufgebaut wird (vgl. Hebr 11,1). Diese Schlüssel sind lediglich vier Beispiele unter vielen Dingen, die wir tun können, um unseren Glauben zu stärken. Es geht dabei keinesfalls darum, sich die Errettung zu verdienen. Somit ist das Argument der „guten Werke" nicht angebracht.

Glaube ist Vertrauen

Es hat viel Lehre um das Wort *Glaube* herum gegeben. Manchmal scheint es, dass die eigentliche Definition des Wortes verkompliziert wurde. Somit schlage ich vor, dass wir stattdessen ein anderes Wort benutzen, wenn wir versuchen, uns im Hinblick auf Glauben auszudrücken.

Das Wort *Vertrauen* ist ein ausgezeichneter Ersatz, das in der Welt viel leichter verstanden wird. Wenn ich mit einem Nichtchristen auf der Straße spreche und ihm erzähle, dass ich das Vertrauen habe, dass Gott seine Seele retten möchte, sage ich eigentlich, dass ich Glauben dafür habe, dass Gott ihn erretten möchte. Ebenso ist es, wenn ich sage, dass Fasten meinen Glauben aufbaut, denn damit bringe ich zum Ausdruck, dass dies mein Vertrauen stärkt, so wie dies auch durch Beten im Geist oder durch das Hören des prophetischen Wortes geschieht. Diese Änderung der Wortwahl wird einigen von uns viel Klarheit verschaffen.

Aktivierung

Folgen Sie den nächsten vier Vorschlägen, um Ihren Glauben aufzubauen:

1. Setzen Sie sich eine Zeit zu fasten, vielleicht eine Mahlzeit, einen Tag, eine Woche, und ziehen Sie es durch.
2. Machen Sie es sich zu einer Gewohnheit, in Zungen zu beten. Stellen Sie Ihre Uhr auf drei Minuten ein und fangen Sie jetzt an zu beten.
3. Lesen Sie im Wort Gottes, bis der Heilige Geist einen Vers für Sie hervorhebt. Dieser Vers spricht Sie vielleicht auf sehr persönliche Weise an oder enthält eventuell eine Offenbarung für Sie. Tragen Sie diesen Vers den ganzen Tag über in Ihrem Herzen und wiederholen Sie es am nächsten Tag.
4. Rufen Sie jemanden an, der Sie im Glauben ermutigt, jemanden, zu dem Sie aufschauen. Laden Sie diese Person zum Mittagessen ein. Empfangen Sie von ihrem Glauben und lassen Sie sich zu einem entschiedeneren Lebensstil mit dem Herrn herausfordern. Stellen Sie der Person Fragen.

KAPITEL 12

Biblische Meditation

Eine andere Art der Meditation

Die falschen Religionen in der Welt – wie Hinduismus, Buddhismus, Islam und New Age, um nur einige zu nennen – lehren, Meditation bestehe darin, den Verstand zu entleeren, um spirituelle Erfahrungen zu machen. Dies ist ihr Verständnis von Meditation.

Die Bibel dagegen lehrt uns, auf grundlegend andere Art und Weise zu meditieren: Sie weist uns an, über das Wort Gottes nachzusinnen und auf Gott zu harren. Die Bibel sagt uns sogar, womit wir unseren Verstand füllen sollen. Im Wort Gottes finden wir fünf Kategorien, über die wir meditieren sollen.

1. Meditieren Sie über gute Dinge

Viele Menschen leiden an den unterschiedlichsten psychischen Krankheiten, weil sie nur über schlechte und negative Dinge nachdenken. In Sprüche 23,7 (SLT) heißt es: *„Denn wie er in seiner Seele berechnend denkt, so ist er."* Wir müssen entscheiden, welche Gedanken wir zulassen und nähren. Weil unsere Gedanken uns beeinflussen und verändern, sind sie von ganz entscheidender Bedeutung für uns. Sie prägen unsere Art zu leben.

Übrigens, Brüder, alles, was wahr, alles, was ehrbar, alles, was gerecht, alles, was rein, alles, was liebenswert, alles, was wohltuend ist, wenn es irgendeine Tugend und wenn es irgendein Lob gibt, das erwägt (Phil 4,8).

Lass die Reden meines Mundes und das Sinnen meines Herzens wohlgefällig vor dir sein, HERR, mein Fels und mein Erlöser (Ps 19,15).

Möge mein Nachsinnen ihm wohlgefallen! Ich freue mich an dem Herrn (Ps 104,34 SLT).

2. Meditieren Sie über das Wort Gottes

Die Bibel ist *„von Gott eingegeben und nützlich zur Lehre, zur Überführung, zur Zurechtweisung, zur Unterweisung in der Gerechtigkeit, damit der Mensch Gottes richtig sei, für jedes gute Werk ausgerüstet"* (2 Tim 3,16-17). Dass es wichtig ist, über das Wort Gottes nachzusinnen, ist für viele von uns offensichtlich. Doch betrachten Sie dessen ungeachtet noch Josua 1,8:

Dieses Buch des Gesetzes soll nicht von deinem Mund weichen, und du sollst Tag und Nacht darüber nachsinnen, damit du darauf achtest, nach alledem zu handeln, was darin geschrieben ist; denn dann wirst du auf deinen Wegen zum Ziel gelangen, und dann wirst du Erfolg haben.

Eines meiner Lieblingsbücher der Bibel ist das Buch der Sprüche. Wenn ich darin lese und ein Vers mich anspricht, spreche ich ihn mehrere Male laut aus. Ich sinne darüber nach und beschäftige mich mit ihm. Dann trage ich den Vers den ganzen Tag lang in meinem Herzen und in meinen Gedanken mit mir herum. Er wird zu meinem Brot für diesen Tag. Am nächsten Tag öffne ich die Sprüche erneut und wähle ein anderes Stück Brot aus. Wenn ich einen Weg finde, dieses Wort an jenem Tag in eine Unterhaltung mit jemandem einzubetten, hilft mir das, mir diesen Vers auch für die Zukunft zu merken. Der wahre Wert des Einprägens der Schrift liegt darin, sie anzuwenden.

3. Meditieren Sie über prophetische Worte

Es gibt viele Dinge, die wir mit prophetischen Worten tun sollten: prüfen, beurteilen, ihre Richtigkeit nachweisen, sie als Waffe einsetzen, darüber beten und sie ausleben. Ein Aspekt, über den anscheinend zu wenig gelehrt wird, ist der, dass wir auch über unsere prophetischen Worte nachsinnen sollten. In 1. Timotheus 4,14-15 heißt es: *„Vernachlässige nicht die Gnadengabe in dir, die dir gegeben worden ist durch Weissagung mit Handauflegung der Ältestenschaft! Bedenke dies sorgfältig, lebe darin, damit deine Fortschritte allen offenbar seien!"*

Diesen Punkt nehme ich sehr ernst. Ich habe ein Ringbuch, das alle prophetischen Worte, die ich jemals bekommen habe, ausgedruckt enthält. Ich nehme es mit, wenn ich reise; ich lese darin vor Versammlungen, nach Versammlungen, wenn ich müde bin und so weiter. Dies ist für mich eine fortwährende Quelle der Ermutigung, und es hilft mir, ständig meine Berufung für mein Leben vor Augen zu haben. Genauso wie Paulus Timotheus anwies, „bedenke ich die prophetischen Worte sorgfältig und gebe mich ihnen hin".

4. Meditieren Sie über den Herrn selbst

„Wenn ich deiner gedenke auf meinem Lager, über dich nachdenke in den Nachtwachen" (Ps 63,6). Wir stärken unsere dauerhafte Beziehung zu ihm, wenn wir unseren Sinn beständig auf den Herrn ausrichten. Es gibt viele Wege, wie wir über den Herrn nachsinnen können. Eine Möglichkeit, die sich für mich am hilfreichsten erwiesen hat, ist, sich auf die verschiedenen Namen des Herrn zu konzentrieren. Namen bringen Wesen einer Person zum Ausdruck; indem er uns also seine Namen offenbart hat, hat uns Gott sein Wesen offenbart. Wenn er sagt, dass sein Name *„Jehovah Rapha, der Herr unser Heiler"* lautet, dann teilt er uns gleichzeitig mit, dass er von seinem Wesen her ein Heiler ist.

Hier folgen einige der Namen des Herrn, mit denen Sie Ihr Studium seines Wesens beginnen können:

El-Shaddai – Der allmächtige Gott (vgl. 1 Mose 17,1-2)

Jahwe-Jireh – Der Herr, unser Versorger (vgl. 1 Mose 22,14)

Jahwe-Rapha – Der Herr, unser Heiler (vgl. 2 Mose 15,22-26)

Jahwe-Tsidqenu – Der Herr, unsere Gerechtigkeit (vgl. Jer 33,16)

Jahwe-Nissi – Der Herr ist mein Banner (vgl. 2 Mose 17,15)

Jahwe-Shalom – Der Herr, unser Friede (vgl. Ri 6,24)

Jahwe-Shammah – Der Herr ist hier (vgl. Hes 48,35)

Jahwe-Zebaoth – Der Herr der Heerscharen (vgl. Röm 9,29)

Ich mache regelmäßig Spaziergänge in meiner Nachbarschaft. Während ich gehe, bete ich und unterhalte mich mit Gott. Ich erzähle ihm alles, was ich denke und was mir auf dem Herzen liegt. In diesen Zeiten erinnert mich der Herr meist an einen seiner Namen. Vielleicht erzähle ich ihm, dass ich ganz durcheinander und irritiert bin, weil jemand, für den ich gebetet habe, nicht geheilt wurde. Er beruhigt dann mein Herz und erinnert mich daran, dass er Jahwe Rapha, „der Herr, mein Heiler", ist. Manchmal erzähle ich ihm, wie schwach ich mich in einem bestimmten Bereich fühle, und dann erkläre ich: „Herr, du bist mein(e) ... (Gerechtigkeit, Heiler, Versorger usw.). Über Gott selbst nachzusinnen, ist schon seit langem ein wichtiger Teil meines Gebetslebens.

5. Meditieren Sie über die Werke Gottes

„Im Alten Testament kommt das Wort *Zeugnis* von dem Wort ‚wieder tun'. Daraus folgern wir, dass Gott seine wunderbaren Werke wiederholen möchte, wenn wir über das sprechen, was er getan hat. Im Neuen Testament finden wir in Johannes 19,10 eine Bestätigung dieses Prinzips: *‚... das Zeugnis Jesu ist der Geist der Prophetie'."*[1] Dies bedeutet: Wenn wir uns an etwas erinnern, was Gott getan hat, prophezeien wir eigentlich, dass er dasselbe in dem Moment noch einmal tun kann, denn *„Jesus Christus ist derselbe gestern und heute und in Ewigkeit"* (Hebr 13,8).

Sich der Werke Gottes zu erinnern und über sie zu meditieren ist entscheidend dafür, dass sich diese wiederholen können. König David hat das gut verstanden. Aus diesem Grund hat er in einer Phase des Leidens über die vergangenen Werke Gottes meditiert.

[1] Johnson, Bill, *Träume mit Gott*, Wohlkunde-Verlag, Nürnberg 2010.

Das hat David nicht nur ermutigt, sondern prophezeite gleichzeitig in die Atmosphäre, dass Gott dasselbe noch einmal wirken kann.

> *Da Ich sprach: Darunter leide ich, dass die rechte Hand des Höchsten sich so ändern kann. Darum denke ich an die Taten des HERRN, ja, ich denke an deine früheren Wunder und sinne über alle deine Werke und denke deinen Taten nach* (Ps 77,11-13 LUT).
>
> *Ich gedenke der Tage der Vorzeit, überlege all dein Tun. Ich sinne nach über das Werk deiner Hände* (Ps 143,5).

Es ist unglaublich wichtig, dass Sie die Werke Gottes mit sich tragen. Zu meinen liebsten Unterhaltungen gehören solche, in denen ich einem neuen Freund Geschichten über Gottes Wirken erzählen kann. Wenn ich zum Beispiel einer neuen Person meine Geschichte erzähle, wie ein zitronengroßer Tumor unter meiner Hand im Gebet verschwand, stärkt diese Geschichte meinen Geist wieder neu mit Leben. Sie facht den Geist Gottes in mir an. Wenn ich etwas in die Atmosphäre hineinspreche, was Gott getan hat, wird die Atmosphäre für Gott „aufgeladen", dass er dasselbe noch einmal tun wird, und auch das Glaubensniveau steigt. Wenn wir die Zeugnisse mit uns tragen, was Jesus getan hat, bringt dies Leben in die tote Christenheit hinein. Ich habe festgestellt, dass Nichtchristen aufleben und Interesse zeigen, wenn ich Geschichten darüber erzähle, was ich mit Gott erlebt habe. Gesetzlichkeit und das Zitieren von Schriftstellen ohne Liebe haben dazu geführt, dass sich viele von uns abgestoßen fühlen. Aber wenn wir mit ihnen Geschichten darüber erzählen, was Gott tut, hören Menschen aufmerksam zu.

Die Vorstellungskraft ist das Meditationsorgan unseres Geistes

> ***Er erleuchte die Augen eures Herzens,*** *damit ihr wisst, was die Hoffnung seiner Berufung, was der Reichtum der Herrlichkeit seines Erbes in den Heiligen ist* (Eph 1,18).

Wenn Paulus den Ephesern mitteilen möchte, dass er für sie betet, denken Sie nicht, dass er seine Worte sorgfältig auswählen würde?

Dies zeigt den Wert, den Paulus dem Empfangen von Erleuchtung für die geistlichen Augen zugemessen hat. Die Herzensaugen beziehen sich auf die menschliche Vorstellungskraft. Diese Wahrheit wurde im ersten Jahrhundert als wichtig angesehen, doch ist die Vorstellungskraft in der neueren Zeit leider weit herabgestuft und an den Rand des Christentums gedrängt worden. Ja, oft erklären Menschen mit folgender Bemerkung sogar alles für nichtig, was der Vorstellungskraft entspringt: „Ach, das habe ich mir *nur* eingebildet." Das ist bedauerlich, und es ist höchste Zeit, dass wir aufhören, das zu unterdrücken, was Gott uns durch unsere Vorstellungskraft mitteilen will. Adam und Eva hatten vor dem Sündenfall eine Vorstellungskraft. Deshalb ist diese nicht von Natur aus böse. Jetzt, da wir Gläubige sind, müssen wir die Dimension der Vorstellungskraft zurückerobern und damit aufhören, alles schlecht zu reden, was aus diesem Bereich kommt. Selbst Jesus erkannte die Kraft der menschlichen Vorstellungskraft an.

> *Ihr habt gehört, dass gesagt ist: Du sollst nicht ehebrechen. Ich aber sage euch, dass jeder, der eine Frau ansieht, sie zu begehren, schon Ehebruch mit ihr begangen hat in seinem Herzen* (Mt 5,27-28).

Jesus sagt damit, seine Vorstellungskraft zu gebrauchen gilt genauso, wie es im echten Leben getan zu haben. Sie müssen Folgendes verstehen: Wenn jemand im Bereich der Vorstellungskraft sündigt und zurück in den natürlichen Bereich kommt, bringt er die Befleckung der Sünde, die er gerade begangen hat, mit. Die Dimension der Vorstellung setzt Realitäten in der physischen Welt frei. Es ist eindeutig, dass Jesus darüber in einem negativen Zusammenhang spricht, doch bestätigt dies generell, dass die Vorstellungskraft Kraft hat und legitim ist. Als Jesus sagt, dass Ehebruch bereits im Herzen begangen wird, bezieht er sich auf die menschliche Vorstellungskraft. Dies ist also ein Beispiel, wie die Vorstellungskraft beim Meditieren negativ gebraucht werden kann, bestätigt aber die Kraft und die Realität der Vorstellung.

Die Vorstellungskraft ist das kreative Organ Ihres Geistes. Alle Erfindungen auf der Erde entspringen z. B. der Vorstellungskraft von jemandem. Es wurde mal gesagt, dass „alles, was heute existiert, sich irgendwann mal jemand vorgestellt hat". Sogar als Gott sich entschloss, die Erde und jeden Menschen darauf zu erschaffen, hat auch er sich bestimmt zuerst vorgestellt, was er erschaffen wollte. Gott hat eine ziemlich starke Vorstellungskraft!

Wenn Sie fortwährend Ihre Vorstellungskraft für nichtig erklären, während Sie wach sind, wird Gott häufig dazu übergehen, Ihre geistlichen Augen zu öffnen, wenn Sie schlafen und träumen. Wenn die Sinne Ihres Körpers und Ihrer Seele ruhen, kann Gott jeden Widerstand übergehen und direkt zu Ihrem Geist sprechen. *„Doch auf eine Weise redet Gott und auf eine zweite, und man wird es nicht gewahr. Im Traum, in der nächtlichen Vision, wenn tiefer Schlaf auf die Menschen fällt, im Schlummer auf dem Lager, dann öffnet er das Ohr der Menschen und bestätigt die Warnung für sie"* (Hiob 33,14-16).

Ein anderer Autor machte einmal eine großartige Bemerkung über den abwertenden Umgang mit der Vorstellungskraft von Kindern: „Welches Kind hat nicht schon mal etwas während der Nacht in seinem Zimmer gehört? Welches Kind hat nicht schon mal etwas in seinem Wandschrank gesehen? Mit dem Wunsch, ihre Kinder zu trösten, dabei aber gleichzeitig geistliche Begegnungen gering zu achten, haben Eltern ihren Kindern ungewollt beigebracht, ihre Wahrnehmungen seien irrational. Sie haben das Licht angeschaltet, um zu „beweisen", dass dort nichts war, oder die Schranktür geöffnet, um zu beweisen, dass es nur ihre Einbildung war.

Solche Erlebnisse sind oft der Einstieg in die Schule des westlichen Rationalismus, der uns darin trainiert, unsere Erfahrungen anzuzweifeln und sie lediglich den Eskapaden einer hyperaktiven Vorstellung zuzuordnen.

Es ist an der Zeit, dass wir wieder dem unschuldigen Glauben unserer frühen Kindheit Raum geben. Als der junge Samuel im Tempel eine Stimme hörte, die seinen Namen rief, antwortete Eli nicht: „Du hörst nur komische Dinge. Schau, ich werde die Öllampe anzünden und dir beweisen, dass niemand da ist. Deine Einbildung raubt dir sonst noch den Verstand!" Glücklicherweise musste Samuel nicht erst verkehrte Lehren „loswerden", die er von Eli aufgrund von mangelndem Wissen über das Übernatürliche empfangen hatte. Darin hatte er einen großen Vorteil auf seinem Weg, einer der größten Propheten Israels zu werden[1] (vgl. 1 Sam 3,1-10).

Gebrauchen Sie Ihre Vorstellungskraft

Die Vorstellungskraft gleicht einem Fernseher; sie ist im Grunde genommen weder gut noch böse. Wie bei einem Fernseher kann auch in unserer Vorstellung Böses dargestellt werden, aber deshalb ist die Vorstellungskraft nicht an sich böse. Umgekehrt können auch christliche und weiterbildende Sendungen auf den Fernsehbildschirm projiziert werden, was das Fernsehgerät nicht gerecht macht. Sowohl der Fernseher als auch die Vorstellungskraft sind immer nur Hilfsmittel.

Die Vorstellung gleicht dem Fernsehbildschirm, also gibt es die Möglichkeit, darauf Dinge des Fleisches oder Dinge des Geistes darzustellen. Das Ziel ist somit, die gerechten Dinge des Geistes in die Vorstellung zu übertragen. Dies geschieht durch biblische Meditation.

Gott hat jedem Menschen eine Vorstellungskraft gegeben; sie ist kein Nebenprodukt des Sündenfalls. Der Beweis für Adams Vorstellungskraft ist, dass er vor dem Sündenfall den Tieren ihre Namen gab. Wir müssen vorsichtig sein, dass wir die Stimme unserer geistlichen Unterscheidungsfähigkeit nicht für nichtig erklären, wenn sie durch unser Vorstellungsvermögen zu uns kommt. Gott hat uns unser Vorstellungsvermögen gegeben und er versucht dadurch, zu uns zu sprechen.

Erleben Sie das Wort

Dass wir unsere Vorstellungskraft mithilfe biblischer Meditation gebrauchen, hat eine interaktive Erfahrung zum Ziel.

> *Denn eines müssen wir wissen:* ***Gottes Wort ist lebendig und voller Kraft.*** *Das schärfste beidseitig geschliffene Schwert ist nicht so scharf wie dieses Wort, das Seele und Geist und Mark und*

[1] Lucas Sherraden, *When Heaven Opens, Discovering the Power of Divine Encounters* (Stafford, TX: Lucas Sherraden Ministries, 2006).

> *Bein durchdringt und sich als Richter unserer geheimsten Wünsche und Gedanken erweist* (Hebr 4,12 NGÜ).

Denken Sie gründlich darüber nach, was dieser Vers aussagt. Er enthält eine ganz erstaunliche Aussage, die weitreichende Folgen hat. Wenn etwas lebendig und voller Kraft ist, können Sie damit interagieren, und es wird reagieren und mit Ihnen kommunizieren. Wenn eine Person tot ist, kann ich mit ihr den ganzen Tag sprechen, aber wir werden einander nicht erleben. Wenn sie aber lebendig ist, können wir miteinander reden und wechselseitig in Beziehung treten. Wenn ich die Steinfigur eines Hundes habe, besitze ich zwar einen Hund, aber er ist weder lebendig noch aktiv. Auf ähnliche Weise gehen viele Menschen mit dem Wort Gottes um. Doch in Wirklichkeit ist das Wort so, als hätten Sie einen Welpen: Es ist lebendig und aktiv wie dieser Welpe, und wenn Sie sich Gott nahen, naht er sich auch Ihnen (vgl. Jak 4,8). Wenn ich das Wort Gottes öffne und dazu bereit bin, es auch zu erfahren, begrüßt mich das Wort wie ein Welpe, der seinen Besitzer begrüßt, wenn er nach Hause kommt. Das Leben und die Aktivität, welche der junge Hund an den Tag legt, vermittelt uns ein Bild davon, wie das Wort uns „anspringt" und mit uns in Beziehung treten möchte.

Jesus hat dies auch zum Ausdruck gebracht: *„Der Geist ist es, der lebendig macht; das Fleisch nützt nichts. Die Worte, die ich zu euch geredet habe, sind Geist und sind Leben"* (Joh 6,63). Das Wort ist lebendig, und es wohnt im Geist, weil es Geist ist. Wir dürfen das Wort nicht nur mit unserem fleischlichen Verstand lesen; wir müssen es in unserem Geist bewegen, damit wir es in angebrachter Weise lesen. Es ist nötig, dass wir in unserem Geist und in unserer Vorstellungskraft über das Wort meditieren.

In Johannes 17,17 betete Jesus für seine Jünger: *„Heilige sie durch die Wahrheit! Dein Wort ist Wahrheit."* Eine interessante Information über diesen Vers ist, dass der Wortstamm für „Wahrheit" auch „Wirklichkeit" bedeuten kann (im Griechischen: *aletheia).* Die Definition von *Wahrheit* in *Vines Wörterbuch mit Erklärungen* lautet: „... sie ist die zugrundeliegende Realität einer Erscheinung; die manifeste, wahre Substanz einer Tatsache." (Darauf werde ich im nächsten Kapitel noch näher eingehen.)

Deshalb trägt das Wort Gottes eine Wirklichkeit oder eine Dimension in sich, und wir können in die Wirklichkeit eines jeden Verses eintreten. Das Wort wurde uns gegeben, damit wir regelmäßig in diese Wirklichkeit eintreten können. Das Wort und der Heilige Geist sind diejenigen, die uns in dieser Dimension leiten: Jesus sagte, dass der Heilige Geist uns in alle Wahrheit leitet.

Der Heilige Geist ist also unser Leiter in der Wirklichkeit oder der Dimension des Wortes. Es gibt unzählige Zeugnisse von Christen, die prophetische Erfahrungen hatten, in denen sie in eine dieser Dimensionen des Wortes eingetreten sind. Diese sollten uns ermutigen und inspirieren, ebenfalls hineinzutreten und die Realitäten des Wortes selbst zu erfahren.

Himmlische Räume

Wenn Sie sich immer noch fragen, wie Sie in die Dimensionen des Wortes eintreten können, lassen Sie mich Ihnen ein persönliches Beispiel erzählen. Im November 2005 besuchte ich eine Konferenz in Harrisburg (Pennsylvania). Einer meiner Freunde legte, während er für mich betete, seine Hand auf meine Brust, und ich reagierte sehr heftig darauf. Im Natürlichen fühlte es sich so an, als sei ein Feuer in meine Brust hineingekommen – es tat so sehr weh, dass ich mich fast fürchtete. Ich sackte nach vorne auf den Boden und hatte eine prophetische Erfahrung. Erst zwei Stunden später kehrte ich in mein körperliches Bewusstsein zurück. Während jener Erfahrung zeigte mir der Herr vier verschiedene Räume im Himmel.

Der erste Raum sah wie ein Lagerhaus aus, in dem sich Regale voll mit verschiedenen Körperteilen befanden. Ich hatte den Eindruck, dass diese für Menschen verwendet werden könnten, die körperliche Heilung brauchen. Ich glaube, dass Gott die Körperteile schon bereithält, und wenn wir beten diese dann irgendwie den Menschen hinzufügt und sie werden geheilt.

Der zweite Raum war voller Diamanten. Wenn ich einen hochhob und ihn näher betrachtete, konnte ich in jedem das Gesicht eines Menschen sehen. Das habe ich so verstanden, dass Jesus jeden von uns auf diese Weise ansieht. Während ich den Diamanten in meiner Hand drehte, konnte ich ganz anders durch ihn hindurchschauen und verschiedene Charaktereigenschaften des jeweiligen Menschen erkennen. Sie sind buchstäblich einer von Gottes Edelsteinen. Er schätzt Sie wie einen Diamanten.

Der dritte Raum war mit Banknoten jeglicher Farbe, Form und Größe angefüllt. Diese repräsentierten für mich alle Arten von Geld auf der Erde. Der Herr führte mir seine Finanzkammer vor; es war eine prophetische Vision von „seinem Reichtum in Herrlichkeit" (Phil 4,19). Indem er mir dies zeigte, schenkte er mir den Frieden, dass er alle Versorgung hat und sich immer um mich kümmern wird. Dies hat meinen Glauben in großem Maß gestärkt.

Der letzte Raum war warm und feucht; er erschien mir rund wie eine Kugel. Die Wände waren rosa und irgendwie fleischfarben. Ich sah Jesus neben mir stehen und fragte ihn, was das für ein Raum sei. Er antwortete: „Dies ist die Wirklichkeit von Kolosser 3,3." Ich hörte, wie der Vers in meinem Geist widerhallte: *„Denn ihr seid gestorben, und euer Leben ist verborgen mit dem Christus in Gott"* (Kol 3,3). Ich erkannte, dass ich während der Vision mit Christus im Herzen Gottes des Vaters verborgen war. Ich befand mich tatsächlich im Herzen Gottes.

Dies ist nur ein Beispiel, wie wir in die Dimensionen des Wortes eintreten können. Aber das ist lediglich ein Vers gewesen. Ich glaube, dass jeder Vers ein prophetisches Potenzial beinhaltet und dass das ganze Wort Gottes lebendig, voller Kraft und bereit ist, dass wir es erleben. Das gesamte Wort Gottes ist Wahrheit und hat eine Wirklichkeit, in die wir eintreten können. Kolosser 3,3 wird immer eine persönliche Bedeutung für mich haben, weil ich die Wirklichkeit dieses Verses erfahren habe.

Ist die Vorstellungskraft gefährlich?

Wenn wir Gott in der Person Jesus Christus nachjagen, haben wir keinerlei Grund, Angst zu haben. Jesus sagte:

> *Wen von euch, der Vater ist, wird der Sohn um einen Fisch bitten – und er wird ihm statt des Fisches etwa eine Schlange geben?*

> *Oder auch, wenn er um ein Ei bäte – er wird ihm doch nicht einen Skorpion geben? Wenn nun ihr, die ihr böse seid, euren Kindern gute Gaben zu geben wisst, wie viel mehr wird der Vater, der vom Himmel gibt, den Heiligen Geist geben denen, die ihn bitten* (Lk 11,11-13).

Ja, es stimmt, dass es Skorpione und Schlangen in der Welt der bösen Vorstellung gibt. Aber wenn wir unsere Vorstellungskraft benutzen, um Gott in seinem Wort zu finden, würden wir das Wesen Gottes herabwürdigen, wenn wir uns davor fürchteten, etwas Gefährliches zu empfangen. Gott ist groß genug, uns zu beschützen, und wir brauchen keine Angst zu haben. Diese Furcht vor der Vorstellungskraft entspringt aus einem Bild von einem schwachen Gott und einer falschen Sichtweise im Hinblick auf die Kraft des Teufels. Gott möchte, dass wir sie benutzen, und er wird uns beschützen, wenn wir es tun.

Aktivierung

Gebrauchen Sie Ihre Vorstellungskraft, um sich mit den fünf Kategorien biblischer Meditation auseinanderzusetzen, indem Sie über sie nachsinnen. Ich ermutige Sie, jedes Mal Ihren Geist zu aktivieren und sich mit dem Wort zu verbinden, wenn Sie in der Bibel lesen; lassen SIe dies eine regelmäßige Übung werden. Hier nochmals die fünf Kategorien:

1. Gute Dinge
2. Das Wort Gottes (Gute bildhafte Schriftstellen, mit denen Sie beginnen können, sind zum Beispiel folgende: Jes 6; Offb 1; 4; 22; Hes 37; 47; Dan 10)
3. Prophetische Worte
4. Der Herr selbst
5. Die Werke Gottes

KAPITEL 13

In Geist und Wahrheit anbeten

Einmal war ich in Manaus (Brasilien) in einer Versammlung mit 5000 Hausgruppenleitern. Während der Anbetungszeit war die Gegenwart Gottes unglaublich spürbar. Dann stand Gary Oates auf, um zu sprechen, doch die Gegenwart des Herrn überwältigte ihn und warf ihn auf der Bühne zu Boden. Randy Clark wandte sich an Garys Frau Kathi und bat sie, die Leitung des Gottesdienstes zu übernehmen. Als sie das Mikrophon nahm, fing sie an, über das Land Brasilien zu prophezeien, woraufhin ein mächtiger Wind durch das Gebäude blies. Gary beschrieb den Wind in eigenen Worten:

> Drinnen jedoch peitschte der Wind wie am Pfingsttag – ein mächtiger, stürmischer Wind war in das Gebäude gekommen.[1]

Er wehte wie wild durch die auf der Bühne stehenden Topfpflanzen und stieß sogar zwei große Bogentüren auf der Bühne auf. Währenddessen verließ ich das Gebäude, um festzustellen, ob es irgendeine natürliche Erklärung für den Wind gab. Draußen war es fast unheimlich ruhig und friedlich, weder Wind noch irgendein Luftzug. Was innerhalb des Kirchengebäudes passierte, war eindeutig übernatürlich; der Wind war so stark, dass er in einer

---

[1] Gary Oates, *Öffne mir die Augen, Herr,* GloryWorld-Medien 2011, S. 78.

Ecke 400 leere Stühle umwehte. Randy stand auf und rief das Gebetsteam nach vorne, damit sie für die Kranken beteten, während der Wind weiter blies.

> Mitglieder des Teams erzählten später von starken Winden, die um sie kreisten, als sie den Menschen dienten. Ebenso gingen später bei uns Berichte darüber ein, dass praktisch jeder, der an diesem Tag Gebet empfing, sofort geheilt wurde.[2]

Insbesondere schienen Menschen, die taub waren, Heilung zu empfangen. Dieser Wind hielt ungefähr zwei Stunden an, während wir weiterhin für die Kranken beteten.

Ich glaube, dass die außergewöhnlich intensive Anbetung ein entscheidender Schlüssel für die manifeste Gegenwart Gottes war, die an jenem Tag herunterkam. Es gab einen starken Durchbruch, was die Anbetung anging. Was echte neutestamentliche Anbetung angeht, gibt es noch viel zu entdecken, als die meisten im Leib Christi bisher erkannt haben. Jesus brachte im Neuen Testament einen unglaublichen Qualitätssprung in Bezug auf Anbetung.

Der Standort ist ein Schlüssel zur Anbetung

In Johannes 4 sitzt Jesus an einem Brunnen und spricht mit einer Samariterin. Wie immer ist Jesus überhaupt nicht um die kulturellen Tabus besorgt, die er verletzt. Es galt damals als Schande, mit einem Samariter in Kontakt zu treten, und dass er sich sogar mit einer Frau unterhielt, war doppelt schlimm. Jesus verwickelte sie in ein Gespräch über Anbetung. Dann bringt sie eine kulturell umstrittene Frage zur Sprache: Wo befindet sich der angemessene Ort, um anzubeten – dort, wo die Juden, oder dort, wo die Samariter anbeten?

> *Die Frau spricht zu ihm: Herr, ich sehe, dass du ein Prophet bist. Unsere Väter haben auf diesem Berg angebetet, und ihr sagt, dass in Jerusalem der Ort sei, wo man anbeten müsse* (Joh 4,19-20).

---

[2] Ebd., S. 78.

Jesus, der immer einen Schritt voraus ist, gibt ihr eine völlig unerwartete Antwort. Er erzählt ihr von einem völlig neuen Ort für die rechte Anbetung. Er teilt ihr mit, dass weder der Ort, an dem die Juden anbeten, noch der Ort, an dem es die Samariter tun, von Bedeutung sei, sondern dass eine neue „Stätte" aufgerichtet werde.

> *Jesus spricht zu ihr: Frau, glaube mir, es kommt die Stunde, da ihr weder auf diesem Berg noch in Jerusalem den Vater anbeten werdet. Ihr betet an, was ihr nicht kennt; wir beten an, was wir kennen, denn das Heil ist aus den Juden. Es kommt aber die Stunde und ist jetzt, da die wahren Anbeter den Vater in Geist und Wahrheit anbeten werden; denn auch der Vater sucht solche als seine Anbeter. Gott ist Geist, und die ihn anbeten, müssen in Geist und Wahrheit anbeten* (Joh 4,21-24).

Die Frage dieser Frau betrifft den Ort unserer Anbetung. Jesus antwortete darauf, dass die vorherigen Orte der Anbetung, weder dieser Berg noch Jerusalem, länger als solche dienen würden. Dann spricht er von einem neuen Ort der Anbetung, der in der Zukunft kommen würde. Anbetung muss im Geist und in der Wahrheit geschehen. Weil Gott Geist ist, muss unsere Anbetung im Bereich des Geistes stattfinden.

Wir müssen die deutliche Befehlsform dieser Aussage anerkennen: *„Die ihn anbeten,* ***müssen*** *..."* Unserer Anbetung fehlt ein grundlegendes Element, wenn wir nicht begreifen, wozu uns dieser Vers auffordert. Nehmen Sie sich einen Augenblick Zeit und überlegen Sie kurz, wie Sie diese Schriftstelle in der Vergangenheit verstanden haben bzw. welche Lehre Sie darüber gehört haben. Den meisten Menschen ist niemals beigebracht worden, einmal näher hinzuschauen, um herauszufinden, wie wir Gott eigentlich im Geist anbeten können, und trotzdem liegt der Schlüssel dazu direkt vor unserer Nase.

In Geist und in Wahrheit

Das Wort *Geist* in Johannes 4,24 könnte sich auf den menschlichen Geist, den Heiligen Geist oder die geistliche Dimension beziehen. Im Griechischen gibt es nur ein Wort für Geist *(pneuma),* und es kann schwierig sein zu bestimmen, welche Bedeutung von *Geist* gemeint ist. Deshalb müssen wir immer den Zusammenhang betrachten, und das können wir am besten erreichen, wenn wir die Bedeutung des Wortes *Wahrheit* verstehen.

Der Autor und Lehrer Watchman Nee gewährt uns folgende Einsicht im Hinblick auf Johannes 4:

> Was ist geistliche Wirklichkeit denn dann? Der Herr sagte: „Gott ist Geist, und die ihn anbeten, müssen in Geist und Wahrheit anbeten" (Joh 4,24). Das Wort für „Wahrheit" kann auch mit „Wirklichkeit" übersetzt werden[1].
>
> Weiterhin sagte der Herr: *„Wenn aber jener, der Geist der Wahrheit [Wirklichkeit], gekommen ist, wird Er euch in alle Wahrheit [Wirklichkeit] leiten"* (Joh 16,13). In 1. Johannes 5,6 heißt es: *„Und der Geist ist es, der dies bezeugt, denn der Geist ist die Wahrheit [Wirklichkeit]."* Dies zeigt uns, dass Gott Geist ist, und alles, was mit Gott zusammenhängt, im Geist geschehen muss. Der Geist der Wahrheit ist der Geist der Wirklichkeit. Die geistliche Wirklichkeit muss also im Heiligen Geist sein.
>
> Geistliche Wirklichkeit ist etwas, was Menschen und Dinge übersteigt. Nur das, was im Heiligen Geist ist, ist geistliche Wirklichkeit. Alles Geistliche wird im Heiligen Geist in Gang gehalten. Sobald sich etwas Geistliches vom Heiligen Geist entfernt, wird es zum Buchstaben, zu einer Form und ist somit tot. Alle geistlichen Dinge müssen im Heiligen Geist sein, bevor sie wirklich, lebendig und organisch sein können. Der Heilige Geist führt uns in alle Wirklichkeit. Daher ist jede Erfahrung, die wir ohne die Führung des Heiligen Geistes machen können, bestimmt keine geistliche Wirklichkeit. Alles, was wir nur durch unsere Ohren, unseren Verstand oder unser Gefühl erlangen, ist

---

[1] Wie schon im letzten Kapitel erwähnt, kann man Wahrheit (griechisch: *aletheia)* „als Realität, die als Basis einer Erscheinung zu Grunde liegt; die manifeste, wahre Substanz einer Sache" definieren.

keine geistliche Wirklichkeit. Nur das, in was der Heilige Geist uns hineinführt, ist geistliche Wirklichkeit.[2]

Wir beten Gott nicht nur im physischen Bereich an; wir sollen auch die geistliche Wirklichkeit berühren und sie in Anspruch nehmen. Es ist die geistliche Wirklichkeit Jesu, die Leben mit sich bringt, nicht allein die verstandesmäßige Erkenntnis. Alles im Königreich Gottes dreht sich darum, in eine geistliche Wirklichkeit einzutreten. Es ist der Geist, der Leben hervorbringt, und wir sind Diener des Geistes.

> *... Gott, der uns auch tüchtig gemacht hat zu Dienern des neuen Bundes, nicht des Buchstabens, sondern des Geistes. Denn der Buchstabe tötet, der Geist aber macht lebendig* (2 Kor 3,5-6).

Das Buch der Offenbarung zeigt uns, dass Johannes diese neue Form der Anbetung in seinem persönlichen Leben praktiziert hat: *„Ich war im Geist am Tage des Herrn ..."* (Offb 1,10 SLT). Zu jenem Zeitpunkt befand er sich im Exil auf der Insel Patmos, ohne eine Gemeinde oder Gemeinschaft, die ihn unterstützte. Trotzdem trat er in den Bereich des Geistes ein und in die Anbetung. Anhand seines Beispiels können wir erkennen, dass wir überall und jederzeit in die geistliche Dimension eintreten und anbeten können.

Das Zelt Davids

Eine der unglaublichsten gemeinsamen Anbetungszeiten im Alten Testament fand unter der Leitung von drei Sehern statt – Asaph, Heman und Jeduthun. Diese Männer waren dieselben drei Seher, die über 40 Jahre lang die ununterbrochene Anbetung in der Stiftshütte Davids leiteten. Sie alle haben auch Psalmen geschrieben, die sich in unseren modernen Bibeln befinden (siehe Kapitel 5). Bei der Weihung von Salomos Tempel, als das Volk den Herrn in Einheit anbetete, kam die Herrlichkeit des Herrn in Form einer Wolke herab:

---

[2] Nee, W., *Der Heilige Geist und die Wirklichkeit*, Living Stream Ministry, Anaheim (CA) 2001, S. 9 f.

> *... da wurde das Haus, das Haus des HERRN, mit einer Wolke erfüllt. Und die Priester konnten wegen der Wolke nicht hinzutreten, um den Dienst zu verrichten. Denn die Herrlichkeit des HERRN erfüllte das Haus Gottes* (2 Chr 5,13b-14).

Wir richten unsere Aufmerksamkeit auf die drei Seher, die gerade die Anbetung geleitetet haben, als dies geschah. Gott genoss die Anbetung so sehr, die ihm diese drei Männer in der Stiftshütte und im Einweihungsgottesdienst darbrachten, dass er seine manifeste Gegenwart freisetzte. Der Herr liebte die Anbetung in der Stiftshütte Davids so sehr, dass diese das einzige Modell der Anbetung im Alten Testament ist, welches ins Neue Testament übernommen wurde.

All die Tieropfer und all die Altäre im Alten Testament wurden zugunsten eines besseren Bundes, wie ihn der Hebräerbrief nennt, zurückgelassen (vgl. Hebr 8,6-13). Die einzige Ausnahme ist eine etwas rätselhafte Prophetie im Buch Amos, die aussagt, dass Gott die Stiftshütte Davids wieder aufrichten werde:

> *An jenem Tag richte ich die verfallene Hütte Davids auf, ihre Risse vermauere ich und ihre Trümmer richte ich auf, und ich baue sie wie in den Tagen der Vorzeit* (Am 9,11).

Hunderte Jahre später kam schließlich der Tag, an dem das Neue Testament erklärt, dass Gott die Hütte Davids wieder aufgebaut hat. Petrus stand vor den Heiden im Haus von Kornelius und teilt ihnen im Wesentlichen mit, dass Gott einen Ort der Anbetung aufgerichtet hat, der zu jeder Zeit für alle Menschen zugänglich ist.

> *Und hiermit stimmen die Worte der Propheten überein, wie geschrieben steht: **„Nach diesem will ich zurückkehren und wieder aufbauen die Hütte Davids, die verfallen ist, und ihre Trümmer will ich wieder bauen und sie wieder aufrichten;** damit die Übrigen der Menschen den Herrn suchen und alle Nationen, über die mein Name angerufen ist, spricht der Herr, der dieses tut", was von jeher bekannt ist* (Apg 15,15-18).

Ein Teil dieser Wiederherstellung, der häufig übersehen wird, ist die Wiederherstellung der Seher im Bereich der Anbetung. Gott hat ein Verlangen danach, die ununterbrochene und interaktive Anbetung der Hütte Davids wiederherzustellen. Der Dienst der Seher muss im Leib Christi wiederhergestellt werden, damit die davidische Anbetung wieder in vollem Maße wiederhergestellt werden kann. Seien Sie bereit, mehr über Anbetungsleiter zu hören, die Lieder direkt vom Himmel empfangen, die während der Anbetung Engel sehen und von der Gegenwart des Herrn geleitet werden. Die Wiederherstellung ist bereits im Gange.

Aktivierung

Legen Sie dieses Buch nun zur Seite und stellen Sie Ihre Lieblings-Anbetungsmusik an. Schließen Sie Ihre Augen und lassen Sie sich auf die Anbetung ein. Während Sie dies tun, bitten Sie den Herrn, dass er Ihnen zeigt, was in der geistlichen Welt um Sie herum passiert. Vielleicht befinden sich geistliche Wesen oder Objekte mit Ihnen im Raum. Der nächste Schritt ist, den Herrn zu fragen, ob Sie noch etwas tun sollen, um tiefer in die geistliche Erfahrung der Anbetung zu kommen. Falls Sie zum Beispiel im Geist Wasser um sich herum sehen, könnte der Herr Sie vielleicht anweisen, sich im Wasser niederzuknien und erfrischt zu werden. Gehen Sie einen Schritt im Glauben und folgen Sie der Führung des Herrn. In der Anbetung können Sie, wann immer Sie wollen, in eine interaktive Erfahrung eintreten – durch Glauben.

Kapitel 14

Mit Geheimnissen betraut

Ich habe wunderbare Nachrichten! Der Herr hat Geheimnisse, und er möchte sie seinem Volk anvertrauen! Er begrenzt sogar sein Wirken und seine Aktivitäten, bis er jemanden gefunden hat, dem er mitteilen kann, was er vorhat. Der Prophet Amos drückte es folgendermaßen aus: *„Denn der Herr, HERR, tut nichts, es sei denn, dass er sein Geheimnis seinen Knechten, den Propheten, enthüllt hat"* (Am 3,7).

Ein deutliches Beispiel, wie Gott sein Geheimnis offenbart, bevor er etwas tut, finden wir in der Geschichte von Sodom und Gomorrha. Der Herr sprach zuerst mit seinem Diener Abraham über das, was er vorhatte. Dies gab Abraham die Gelegenheit, für diese beiden Städte in Fürbitte einzutreten: *„Sollte ich vor Abraham verbergen, was ich tun will"* (1 Mose 18,17)? Er sehnt sich danach, uns seine Geheimnisse mitzuteilen und unsere Einstellung dazu zu hören. Es kam aber auch vor, dass Gott seine geheimen Pläne mitteilte, er wolle das ungehorsame Israel vernichten, und Mose ihn darum bat, es nicht zu tun (2 Mose 32).

Wenn wir anfangen, uns in den Bereich des Sehens und des Prophetischen hineinzubewegen, wird uns der Herr allmählich mehr seiner Geheimnisse offenbaren. Wie gesagt, tut Gott nichts, es sei denn, dass er sein Geheimnis seinen Dienern, den Propheten, enthüllt hat. Beachten Sie, dass sich dies besonders auf seine Diener, die Propheten, bezieht, nicht auf seine Diener, die Priester, oder seine Diener, die Könige. Jene, die Gott suchen, um seine Stimme zu hören und in den Geist zu sehen, sind diejenigen, denen er Geheimnisse anvertraut.

Wir befinden uns im Neuen Bund, in dem Jesus sagte, dass alle seine Schafe seine Stimme hören können (vgl. Joh 10,27). Ich behaupte nicht, dass nur Propheten den Herrn hören und Geheimnisse empfangen können. Doch der Herr wird auf die aufmerksam, denen er sein Wort anvertrauen kann. Der Apostel Paulus geht sogar so weit, dass er unsere Identität auf diese Weise definiert: *„Dafür halte man uns: für **Diener Christi** und **Verwalter der Geheimnisse** Gottes"* (1 Kor 4,1).

Beispiele dafür, dass der Herr Geheimnisse hat

> ***Das Geheimnis des Herrn** ist für die, welche ihn fürchten, und seinen Bund lässt er sie erkennen* (Ps 25,14 SLT).
>
> *Du hast es gehört, betrachte es nun alles! Und ihr, wollt ihr es nicht verkünden? Von nun an lasse ich dich Neues hören und **Verborgenes**, das du nicht kanntest* (Jes 48,6).
>
> *Zu jener Zeit begann Jesus und sprach: Ich preise dich, Vater, Herr des Himmels und der Erde, dass du dies **vor Weisen und Verständigen verborgen** und es Unmündigen offenbart hast. Ja, Vater, denn so war es wohlgefällig vor dir* (Mt 11,25-26).
>
> *Das Frühere, siehe, es ist eingetroffen, und Neues verkündige ich. **Bevor es aufsprosst, lasse ich es euch hören*** (Jes 42,9).
>
> *Sondern wie geschrieben steht: „Was kein Auge gesehen und kein Ohr gehört hat und in keines Menschen Herz gekommen ist, was Gott denen bereitet hat, die ihn lieben." **Uns aber hat Gott es offenbart durch den Geist,** denn der Geist erforscht alles, auch die Tiefen Gottes* (1 Kor 2,9-10).
>
> ***Das Verborgene steht bei dem HERRN**, unserm Gott; aber das Offenbarte gilt uns und unsern Kindern für ewig, damit wir alle Worte dieses Gesetzes tun* (5 Mose 29,29).

Gottes Ehre ist es, eine ***Sache zu verbergen****, die Ehre der Könige aber, eine Sache zu erforschen* (Spr 25,2).

Gute Verwalterschaft

Jedes Geheimnis, das der Herr uns offenbart, bringt eine Verantwortung mit sich. Bill Johnson sagt: „Wenn Gott Offenbarung von den Menschen fernhält, die nicht hungrig sind, bewahrt er sie im Grunde genommen vor dem Versagen, dass sie die Verantwortung, die auf sie gelegt werden würde, nicht tragen könnten. Und deshalb verbirgt er Geheimnisse."[1] Seien Sie vorsichtig, worum Sie bitten, denn Sie haben eine Verantwortung für die Offenbarungen, die der Herr Ihnen zeigt.

Als zum Beispiel Saulus eine mächtige Offenbarung des Herrn Jesus Christus auf der Straße nach Damaskus bekam, wurde es zu seiner Verantwortung, mit dieser Offenbarung angemessen umzugehen. Je größer die Offenbarung, desto schwerer ist die Verantwortung, die wir zu tragen haben. Seien Sie vorsichtig, um welches Niveau von Offenbarung Sie bitten, denn Sie werden dafür Rechenschaft ablegen müssen:

Jedem aber, dem viel gegeben ist – viel wird von ihm verlangt werden; und wem man viel anvertraut hat, von dem wird man desto mehr fordern (Lk 12,48b).

Wer im Geringsten treu ist, ist auch in vielem treu, und wer im Geringsten ungerecht ist, ist auch in vielem ungerecht (Lk 16,10).

Gebt nicht das Heilige den Hunden; werft auch nicht eure Perlen vor die Schweine, damit sie diese nicht etwa mit ihren Füßen zertreten und sich umwenden und euch zerreißen (Mt 7,6).

Wenn Jesus Ihnen ein Geheimnis mitteilt, sollten Sie dies wie eine Perle behandeln. Seien Sie ein guter Verwalter dessen, was er Ihnen offenbart. Es gibt einige Menschen, die – aufgrund ihrer Unwissenheit oder Engstirnigkeit – es nicht als etwas Gutes ansehen

[1] Johnson, Bill, *Träume mit Gott*, Wohlkunde-Verlag, Nürnberg 2010.

würden, wenn wir die Geheimnisse Gottes mit ihnen teilen. Sie würden das, was wir mitgeteilt haben, unter ihren Füßen zertreten, sich umdrehen und uns in Stücke zerreißen.

In Prediger 3,7 heißt es, dass es *„Zeit fürs Schweigen und Zeit fürs Reden"* gibt. Nicht jedes Geheimnis, das der Herr uns zeigt, soll für immer geheim gehalten werden. Vielleicht gibt es einen bestimmten Zeitpunkt, wann diese Offenbarung mitgeteilt werden soll. Viele Menschen teilen zu schnell mit, was Gott ihnen gezeigt hat. Dies hindert sie daran, tiefere Offenbarungen zu bekommen, weil sie nicht vertrauenswürdig sind. Jesus warnt uns, wir sollten Weisheit und Unterscheidung einsetzen, um zu erkennen, mit wem wir unsere Geheimnisse teilen sollen.

Wir müssen uns sicher sein, dass Gott damit einverstanden ist, dass wir unser Wissen mitteilen, damit wir ihm nicht vorauseilen. Fragen Sie Gott, ob es weise ist, Ihre Offenbarung weiterzugeben. Wenn Sie nur ein wenig Zögern in Ihrem Geist verspüren, halten Sie sie zurück, bis Sie Frieden darüber haben, sie mitzuteilen. Dies kann Sie vor viel Kritik und Vertrauensbruch bewahren. Es gibt eine Zeit zum Schweigen und eine Zeit zum Reden, und einige Geheimnisse werden im Laufe der Zeit offenbart. Sie zu früh zu offenbaren käme einem frühgeborenen Baby gleich – sehr gefährlich und viel anstrengender, als wenn es noch mehr Zeit zum Heranreifen gehabt hätte.

Von Larry Randolph habe ich mal gehört: *„Der wahre Test für einen Propheten ist nicht, was er weiß, sondern was er bis ans Lebensende für sich behalten kann."* Es gibt Offenbarungen, die Gott uns anvertraut, und wir werden anhand unserer Treue geprüft, ob wir seine Geheimnisse bewahren können. Einige Dinge werden für den Rest unseres Lebens zwischen ihm und uns bleiben, und er wird uns für das Bewahren dieser Geheimnisse verantwortlich machen. Es gibt Dinge, die ich nur meiner Frau mitteile, weil ich sie gut genug kenne. Es gibt auch Dinge, die nur sie ihr ganzes Leben mit sich tragen wird, und ein Teil ihrer Treue kann daran gemessen werden, wie sie mit diesen Geheimnissen umgeht. Unsere Beziehung zu Jesus, unserem Bräutigam, ist ähnlich.

Josef

Viele sind mit der Geschichte von Josef vertraut. In 1. Mose 37 erfahren wir, dass Josef als junger Mann zwei prophetische Träume vom Herrn empfing. Er teilte diese Träume seiner Familie mit, worauf sich zwei Reaktionen zeigten. Sein Vater tadelte ihn wegen seiner scheinbaren Arroganz, und seine Brüder hassten ihn noch mehr:

> *Da sagten seine Brüder zu ihm: Willst du etwa König über uns werden, willst du gar über uns herrschen? Und sie hassten ihn noch mehr wegen seiner Träume und wegen seiner Reden. Und er hatte noch einen anderen Traum, auch den erzählte er seinen Brüdern und sagte: Siehe, noch einen Traum hatte ich, und siehe, die Sonne und der Mond und elf Sterne beugten sich vor mir nieder. Und er erzählte es seinem Vater und seinen Brüdern. Da schalt ihn sein Vater und sagte zu ihm: Was ist das für ein Traum, den du gehabt hast? Sollen wir etwa kommen, ich und deine Mutter und deine Brüder, um uns vor dir zur Erde niederzubeugen?* ***Und seine Brüder waren eifersüchtig auf ihn; aber sein Vater bewahrte das Wort*** (1 Mose 37,8-11).

Sein Vater und seine Brüder reagierten sehr unterschiedlich auf dieselbe Offenbarung von Gott. Stellen Sie sich einmal vor, was geschehen wäre, wenn Josef seinen Brüdern nichts davon erzählt hätte, sondern nur seinem Vater. Sein Leben wäre wahrscheinlich sehr anders verlaufen. Der einzige Unterschied in der Geschichte waren die Zuhörer. Sie sollten Ihre Zuhörer kennen, bevor Sie ihnen Ihre Geheimnisse mitteilen.

Ein weiteres Prinzip, das wir von dieser Geschichte ableiten können, ist, dass es wahrscheinlich sicherer ist, Ihrem geistlichen Vater geheime Offenbarungen mitzuteilen, als denen, mit denen Sie auf einer Ebene stehen. Neid ist häufig ein Problem zwischen Geschwistern (Jakob und Esau, David und seine Brüder, Rahel und Lea).

Der Apostel Johannes

In den letzten 2000 Jahren haben Millionen von Menschen das Buch der Offenbarung gelesen. In Kapitel 10 steht, dass nur der Apostel Johannes darin eingeweiht war, was die Stimme der sieben Donner sprach. Jesus vertraute Johannes diese Offenbarung an, sagte ihm aber, er solle sie nicht aufschreiben. Das zeigt, wie sehr der Herr Johannes vertraute. Es war eine private Offenbarung, die nur für die Ohren von Johannes bestimmt war.

> *Und als er rief, ließen die sieben Donner ihre Stimmen vernehmen. Und als die sieben Donner redeten, wollte ich schreiben; und ich hörte eine Stimme aus dem Himmel sagen: Versiegle, was die sieben Donner geredet haben, und schreibe dies nicht* (Offb 10,3-4).

Simsons Haare

Der Herr sandte einen Engel zu Simsons Eltern, bevor er geboren wurde. Er brachte ihnen eine prophetische Botschaft über ihr zukünftiges Kind und teilte ihnen mit, dass ihr Sohn ein Nasiräer sein würde. Das bedeutete, sie sollten weder seine Haare abschneiden, noch ihn Alkohol trinken lassen oder ihn einen toten Körper berühren lassen. Es ist wichtig, zu beachten, dass der Engel ihnen gegenüber nie über Simsons unglaubliche Stärke oder das Geheimnis seiner Schwäche sprach. Simsons Eltern waren genauso überrascht wie alle anderen.

> *Da war nun ein Mann aus Zora, von einer Sippe der Daniter, sein Name war Manoach. Seine Frau aber war unfruchtbar und gebar nicht. Und der Engel des HERRN erschien der Frau und sprach zu ihr: Sieh doch, du bist unfruchtbar und gebierst nicht; aber du wirst schwanger werden und einen Sohn gebären. Und nun, hüte dich doch und trinke weder Wein noch Rauschtrank und iss ja nichts Unreines! Denn siehe, du wirst schwanger werden und einen Sohn gebären. Ein Schermesser soll nicht auf sein Haupt kommen, denn ein Nasiräer Gottes soll der Junge sein*

vom Mutterleib an. Er aber wird anfangen, Israel aus der Hand der Philister zu retten (Ri 13,2-5).

Ich glaube, dass das Geheimnis von Simsons Stärke in einer persönlichen Offenbarung lag, die der Herr ihm gegeben hatte. Irgendwann fing er an, das Geheimnis zu verstehen, angesichts der Tatsache, dass der Engel niemals das Geheimnis von Simsons Stärke gelüftet hat. Der Fall Simsons war die Folge davon, dass er diese persönliche Offenbarung Delila mitgeteilt hatte:

> *Da verriet er ihr alles, was in seinem Herzen war, und sprach zu ihr: Es ist kein Schermesser auf mein Haupt gekommen; denn ich bin ein Nasiräer Gottes von Mutterleib an.* ***Wenn ich nun geschoren würde, so wiche meine Kraft von mir, und ich würde schwach und wie alle anderen Menschen*** (Ri 16,17 SLT).

Ich würde mutmaßen, dass die Kraft nicht nur in seinem Haupthaar lag, sondern auch in der Fähigkeit verborgen war, die geheime Offenbarung vom Herrn gut zu verwalten. Als er die Offenbarung mitteilte, führte das letztendlich dazu, dass das Geheimnis gegen ihn verwendet wurde.

> *Und sie ließ ihn auf ihren Knien einschlafen. Dann rief sie den Mann und ließ die sieben Haarflechten seines Hauptes abscheren. So begann sie, ihn zu bezwingen, und seine Kraft wich von ihm* (Ri 16,19).

Wenn Gott uns eine private Offenbarung anvertraut, sollten wir sehr darauf Acht haben, ein guter Verwalter seines Vertrauens zu sein. Wenn Gott uns vertrauen kann, kann er uns Kraft geben, doch wenn wir dieses Vertrauen missbrauchen, werden wir *„schwach und wie alle anderen Menschen"*.

Er wurde nicht nur so schwach wie jeder andere Mensch, sondern der Feind nutze die Situation auch aus, stach Simsons Augen aus und brachte ihn in mühevolle Gefangenschaft. Dies ist ein prophetisches Bild dafür, was geistlich mit uns passieren kann, wenn wir darin versagen, die Geheimnisse des Herrn richtig zu verwalten.

König Hiskia

König Hiskia war vom Herrn mit materiellen Gütern äußerst gesegnet. Er besaß Reichtum, Gunst, Silber, Gold, Gewürze, Rüstung, Edelsteine, Vieh, Getreide und so weiter. Eines Tages sandten die Herrscher Babylons Boten aus, um zu untersuchen, was in Israel vor sich ging. Im Wort Gottes heißt es, dass der Herr Hiskia verließ, um ihn zu prüfen und um zu erkennen, was in Hiskias Herzen war (vgl. 2 Chr 32,27-31).

> *Und Hiskia freute sich über sie und zeigte ihnen* ***sein ganzes Schatzhaus****: das Silber und Gold, die Balsamöle und das köstliche Öl und sein ganzes Vorratshaus und alles, was sich in seinen Schatzkammern vorfand. Es gab nichts in seinem Haus und in seiner ganzen Herrschaft, das Hiskia ihnen nicht gezeigt hätte* (2 Kön 20,13).

König Hiskia übte keine Verschwiegenheit, was den Reichtum anging, den Gott ihm geschenkt hatte. Der Umgang mit dem Reichtum war die Prüfung, die der Herr gebrauchte, um Hiskias Charakter offenbar werden zu lassen. Hiskia versagte kläglich in dieser Prüfung.

> *Da kam der Prophet Jesaja zum König Hiskia und sprach zu ihm: Was haben diese Männer gesagt, und woher sind sie zu dir gekommen? Da sagte Hiskia: Aus einem fernen Land sind sie gekommen, aus Babel. Er sprach: Was haben sie in deinem Haus gesehen? Und Hiskia sagte: Sie haben alles gesehen, was in meinem Haus ist. Es gibt nichts in meinen Schatzkammern, das ich ihnen nicht gezeigt hätte* (2 Kön 20,14-15).

Wie auch im Fall von Simson empfing Hiskia sein Urteil, weil er nicht angemessen mit dem umgegangen war, was Gott ihm anvertraut hatte. Es ist unumgänglich, dass wir lernen, gute Verwalter zu sein, denen der Herr vertrauen kann. Prüfungen werden kommen; mögen wir alle unbeschadet durchs Feuer kommen.

> *Da sprach Jesaja zu Hiskia: Höre das Wort des Herrn! Siehe, es kommt die Zeit, da alles, was in deinem Haus ist und was deine Väter bis zu diesem Tag gesammelt haben, nach Babel*

weggebracht werden wird; es wird nichts übrigbleiben! spricht der Herr. Und von deinen Söhnen, die von dir abstammen werden, die du zeugen wirst, wird man welche nehmen, und sie werden Kämmerer sein im Palast des Königs von Babel (2 Kön 20,16-18; Jes 39,1-8).

Geheimnisse sind ein Segen

Dieses Kapitel drehte sich viel um Achtsamkeit und Vorsicht. Ich möchte noch einmal betonen, dass es ein Segen ist, die Geheimnisse des Herrn zu empfangen, und wenn wir diese gut verwalten, können wir den Segen unbekümmert genießen. Lassen Sie uns fleißig nach Offenbarung vom Herrn eifern: *„Ohne Glauben aber ist es unmöglich, ihm wohlzugefallen; denn wer Gott naht, muss glauben, dass er ist und* ***denen, die ihn suchen, ein Belohner sein wird"*** (Hebr 11,6).

Aktivierung

Jesus sagte, dass der Heilige Geist uns das Kommende verkünden werde (vgl. Joh 16,13). Bitten Sie den Herrn, dass er Ihnen ein Geheimnis über Ihre Zukunft zeigt. Sobald er Ihnen etwas gezeigt hat, fragen Sie ihn, ob Sie dies mit jemandem teilen dürfen, und mit wem und wann dies geschehen soll.

Schreiben Sie das heutige Datum nieder, die Anweisungen, die der Herr Ihnen gegeben hat, und wann (oder ob) Sie dieses Geheimnis jemandem mitteilen dürfen.

TEIL IV

Fortgeschrittenes Training für Seher

KAPITEL 15

Seher und das Ende der Welt

Eine der häufigsten Fragen, die mir als Seher gestellt werden, dreht sich um prophetische Träume und Visionen über das Ende der Welt. Ich glaube, dass gute biblische Kenntnisse unsere Theologie bestimmen sollte, und nicht prophetische Erfahrungen.

Der Hauptgrund dafür liegt darin, dass ich Menschen kennengelernt habe, die einander widersprechende prophetische Erfahrungen hatten. Woher wollen wir also wissen, welche Vision richtig war? Genau an dieser Stelle ist es wichtig, dass wir unsere Erfahrungen anhand der Bibel überprüfen. Wir dürfen nicht jedem Propheten, jedem Geist oder jeder Prophetie Glauben schenken; alles muss geprüft und beurteilt werden.

> *Weissagungen verachtet nicht, prüft aber alles, das Gute haltet fest* (1 Thess 5,20-21).

> *Indem ihr dies zuerst wisst, dass keine Weissagung der Schrift aus eigener Deutung geschieht. Denn niemals wurde eine Weissagung durch den Willen eines Menschen hervorgebracht, sondern von Gott her redeten Menschen, getrieben vom Heiligen Geist* (2 Petr 1,20-21).

Wenn aber auch wir oder ein Engel aus dem Himmel euch etwas als Evangelium entgegen dem verkündigten, was wir euch als Evangelium verkündigt haben: Er sei verflucht (Gal 1,8).

Geliebte, glaubt nicht jedem Geist, sondern prüft die Geister, ob sie aus Gott sind! Denn viele falsche Propheten sind in die Welt hinausgegangen (1 Joh 4,1).

Im Bereich der Lehre über die Endzeit hat die prophetische Bewegung einen unglaublichen Mangel an Unterscheidung und enorme Leichtgläubigkeit an den Tag gelegt. Zum Beispiel behauptet ein christlich-charismatischer Fernsehprediger, seine Endzeitlehren seien die richtigen, weil er in Zungen bete, während er das Wort Gottes studiere. Ich habe zahllose Geschichten von Bruder und Schwester So-und-so gehört, der bzw. die entweder eine Vision von der Entrückung, dem Antichristen oder einer nahenden großen Trübsalszeit hatten. Während es durchaus möglich ist, dass sie solch eine Vision hatten, heißt dies nicht automatisch, dass sie auch vom Herrn war.

Führen wir uns zum Beispiel einmal die Tatsache vor Augen, dass ein Großteil des modernen evangelikalen Verständnisses der Entrückung auf die prophetischen Visionen Margaret McDonalds zurückgeht, die diese als 15-jähriges Mädchen in den 1830er-Jahren hatte. Hier wird das von ihr Empfangene in ihren eigenen Worten beschrieben:

> Wenn ich sage, dass sie das Kreuz nicht beachten, beinhaltet dies nach meinem Empfinden sehr viel. Sie wenden sich vom Blut des Lammes ab, durch welches wir überwinden und in welchem unsere Gewänder rein und weiß gewaschen werden. Gottes Heiligkeit wird gering geachtet, man hört auf, die Sünde im Fleisch zu verdammen, und schaut von dem weg, der sich selbst gedemütigt und auf jegliches Ansehen vor den Menschen verzichtet hat. O, es ist zurzeit so wichtig und notwendig, dass eine Rückwendung zum Kreuz stattfindet. An jenem Abend und viele Male danach sah ich, dass es eine Ausgießung des Geistes auf den Leib geben wird, eine, die es zuvor noch nicht gegeben hat, eine Feuertaufe, sodass aller Unrat wegeschwemmt wird.

> O, der lebendige Gott muss und wird auf eine solche Weise in uns wohnen, wie es das noch nicht gegeben hat: Die Diener Gottes werden ein Siegel auf ihrer Stirn tragen und in tiefem Einklang mit Jesus sein, sein heiliges Wesen wird in seinem Volk zu sehen sein, denn seine Braut wird ansehnlich gemacht, während seine Schönheit auf sie gelegt wird. **Das gibt uns gegenwärtig Anlass, viel dafür zu beten, dass wir alle schnell zubereitet werden mögen, unserem Herrn in der Luft zu begegnen – und so wird es geschehen.** Jesus begehrt seine Braut. Sein Verlangen gilt uns. Der, der kommen soll, wird kommen und wird es nicht hinauszögern. Amen und Amen, so komme, Herr Jesus."

Derartige Visionen über die Entrückung sind durch die Erfolge der Scofield Bibel mit Konkordanz (1909) und die Bücher (und teilweise Filme) „Alter Planet Erde, wohin?" (1970) und die „Left Behind (dt.: Finale)"-Serie (1990) zur überwiegenden Sichtweise der evangelikalen Popkultur geworden. Im Gegensatz dazu sind einige Bücher über prophetische Erfahrungen geschrieben worden, die eine andere Betrachtungsweise über die Endzeit vermitteln, zum Beispiel von Rick Joyner (z. B. „Der letzte Aufbruch") und H. A. Baker („Visions Beyond the Veil"), die beide auf einen zukünftigen Krieg zwischen Christen und den Mächten der Finsternis hinzudeuten scheinen. Sie weisen eher darauf hin, dass Christen die Zeit der Trübsal durchleben und nicht einem nahenden Kampf durch eine Entrückung entgehen werden. Vielleicht dreht sich die richtige Auslegung dieser Visionen in Wirklichkeit um die momentane geistliche Schlacht in der geistlichen Welt, doch gibt es viele Auslegungen.

Der Autor Todd Burpo hat versucht, eine Deutung der prophetischen Erfahrungen seines Sohnes in dem Buch *Den Himmel gibt's echt* darzustellen. Sein vier Jahre alter Sohn Colton hatte ein Nahtoderlebnis, bei dem er viele visionäre Erfahrungen hatte. Mit seinen eigenen Worten beschreibt er es folgendermaßen:

> „Papa, weißt du, dass es einen Krieg geben wird?" „Was meinst du damit?" Befanden wir uns immer noch beim Thema über den Himmel? Ich war mir nicht sicher.
> „Es wird einen Krieg geben, und er wird diese Welt zerstören.

> Jesus, die Engel und die guten Menschen werden gegen Satan, die Monster und die bösen Menschen kämpfen. Das habe ich gesehen."
> Ich dachte an die Schlacht, die im Buch der Offenbarung des Johannes beschrieben wurde, und mein Herz fing an, schneller zu schlagen. „Wie hast du das gesehen?"
> „Im Himmel, die Frauen und die Kinder sollten einen Schritt zurücktreten und zuschauen. Also bin ich zurückgetreten und habe zugeschaut." Komischerweise klang seine Stimme fröhlich, so als wenn er von einem guten Film sprach, den er gesehen hatte. „Aber die Männer mussten kämpfen. Und du wirst auch kämpfen müssen."[1]

Ginge es nach Colton Burpo, wäre sein Vater, ein Pastor, während der zukünftigen Ereignisse im Buch der Offenbarung noch auf der Erde und würde sie erleben. Doch nach Margaret McDonalds Visionen wären alle Christen schon vorher entrückt worden. Wie können wir nun entscheiden, wessen prophetische Visionen stimmen?

Die Frage wird sogar noch verzwickter, wenn bekannte Leiter der charismatischen Bewegung, denen viele vertrauen, unterschiedliche Standpunkte über die Endzeit vertreten. An dieser Stelle ist es sehr wichtig, dass wir uns nicht hinter ein theologisches Glaubenssystem stellen, nur weil viele Leute eine Person im Fernsehen sehr achten, weil dieser Leiter viel fastet oder weil er unglaublich detaillierte Visionen über die Zukunft hatte. Es liegt in unserer Verantwortung, wie die Beröer zu sein.

> *Diese [die Juden in Beröa] aber waren edler als die in Thessalonich; sie nahmen mit aller Bereitwilligkeit das Wort auf und untersuchten täglich die Schriften, ob dies sich so verhielte* (Apg 17,11).

Diese Gläubigen hörten dem Apostel Paulus persönlich zu, und dennoch werden sie dafür gelobt, dass sie sich die Zeit genommen haben, um zu forschen und seine Lehren im Licht der heiligen Schriften zu überprüfen. Ich würde jeden Leser ermutigen, dasselbe

[1] Todd Burpo, *Den Himmel gibt's echt,* SCM Hänssler, S. 136.

zu tun. Akzeptieren Sie eine Endzeitlehre nicht einfach aufgrund einer bestimmten Person oder ihrer prophetischen Erfahrungen. **Unsere Theologie muss sich ganz und gar auf Gottes Wort gründen.**

Die Theologie über die Endzeit teilt sich in vier Hauptgruppen auf:

> **Idealist:** Ein Idealist glaubt, dass die meisten der prophetischen Schriftstellen im Neuen Testament symbolisch gemeint sind und sich auf den Kampf der Gemeinde gegen die Finsternis beziehen, wobei er nicht nach einer buchstäblichen Erfüllung dieser Aussagen sucht.
>
> **Historiker:** Ein Historiker glaubt, dass sich die prophetischen Schriftstellen im Neuen Testament schon im Laufe der letzten 2000 Jahre der Kirchengeschichte entfaltet haben.
>
> **Futurist:** Ein Futurist glaubt, dass die Erfüllung der meisten der prophetischen Schriftstellen im Neuen Testament noch nicht geschehen ist, sondern in der Zukunft passieren wird. (Innerhalb dieses Systems gibt es noch voneinander abweichende Standpunkte, wie sich die Zukunft im Einzelnen ereignen wird: vor, mitten in oder nach der Trübsalszeit usw.)
>
> **Präterist:** Ein Präterist glaubt, dass die meisten der prophetischen Schriftstellen bereits 70 Jahre nach Christus bei der Zerstörung Jerusalems erfüllt worden sind.

Quer durch alle kirchlichen Strömungen und sogar unter den charismatischen Christen gibt es viel Uneinigkeit und Streit, welche von diesen Ansichten stimmt. Obwohl viele sich davor scheuen, einen festen Standpunkt diesbezüglich einzunehmen oder Angst haben, diese Themen tiefer zu studieren, weil sie so verwirrend zu sein scheinen, ist es dennoch ein wichtiges Thema. Welche Vorstellungen Sie von der Zukunft haben, hat Auswirkungen darauf, wie Sie tagtäglich in der Gegenwart leben. Die Wahrheit ist, dass nur eine der vier Sichtweisen wahr sein kann und die drei anderen falsch sind, aber dennoch setzt sich die Debatte darüber fort, welche die richtige sei.

Obwohl prophetische Erfahrungen manchmal richtige Theologie bestätigen, liegt das Problem bei dieser Angelegenheit darin, dass viele Leute eine dieser vier Sichtweisen nur deshalb übernehmen, weil sie von der prophetischen Erfahrung eines anderen überzeugt wurden, jedoch nicht durch die Bibel.

Zum Beispiel hat mir vor Kurzem jemand eine E-Mail geschickt, um mir mitzuteilen, er wisse, dass es in der Zukunft eine Entrückung gebe, weil er einen neunjährigen Jungen mit Downsyndrom kennen würde, der eine Vision von der Entrückung gesehen habe. Weil eine solche Erfahrung mit sehr vielen Emotionen aufgeladen ist, ist es wichtig, uns daran zu erinnern, dass Gottes Wort die letztgültige Autorität ist. Vielleicht gibt es noch ein weiteres Kind mit Downsyndrom, das eine Vision von Christen hatte, die nicht entrückt wurden und die zukünftige Trübsalszeit durchlebt haben. Wie kann man dann entscheiden, welches Kind recht hat?

Wir müssen unsere Visionen dem Licht des Wortes Gottes aussetzen und bereit sein, sie demgemäß zu prüfen. Wenn eine Endzeitvision verkehrt ist, gibt es einige Möglichkeiten, warum dies der Fall sein könnte:

- Es ist möglich, dass der Teufel uns falsche Erfahrungen machen lässt, damit als Folge davon schlechte Lehre und Furcht verbreitet werden.
- Es kann sein, dass die betreffende Person nach mehr Glaubwürdigkeit oder Aufmerksamkeit sucht.
- Das eigene theologische Gerüst könnte eine prophetische Erfahrung verzerren.

Es ist unsere Verantwortung, zu prüfen und zu beurteilen, und nicht einfach blind alles anzunehmen, was jemand lehrt.

> *In diesem Zusammenhang ist es von größter Wichtigkeit, dass ihr Folgendes bedenkt: Keine einzige prophetische Aussage der Schrift ist das Ergebnis eigenmächtiger Überlegungen ‚des jeweiligen Propheten'. Anders gesagt: Keine Prophetie hat je ihren Ursprung im Willen eines Menschen gehabt. Vielmehr haben Menschen, vom Heiligen Geist geleitet, im Auftrag Gottes geredet* (2 Petr 1,20-21 NGÜ).

Jede prophetische Erfahrung muss mit dem ganzen Wort Gottes übereinstimmen. Wie Sie wahrscheinlich bemerkt haben, habe ich meinen Standpunkt über die Endzeit bewusst nicht kundgetan.[2] Es ist nicht mein Ziel, Sie in Richtung meiner Glaubensüberzeugungen zu beeinflussen. Mein Ziel ist, Sie dahin zu bringen, die Bibel nach Antworten zu durchforsten. Ich möchte Sie dazu ermutigen, **nicht** einfach meine Meinung dazu zu übernehmen, sondern alles anhand des Wortes zu überprüfen und an dem festzuhalten, was gut ist.

Aktivierung

Stellen Sie sich die folgenden Fragen:

1. Basiert meine Anschauungsweise von der Endzeit auf meinen persönlichen prophetischen Erfahrungen, auf den Erfahrungen und Lehren von anderen oder auf meinem eigenen verantwortungsbewussten Bibelstudium?
2. Sind Sie bereit, Ihre Auffassung über die Endzeit zu verändern, wenn Sie herausfinden würden, dass das Wort Gottes etwas anderes lehrt?

[2] Die Ansichten des Autors zu diesen Themen finden Sie unter www.raptureless.com

KAPITEL 16

Seher und der geistliche Kampf

Weil ich ein Seher bin, sprechen mich Menschen oft auf geistliche Kampfführung an. Inzwischen bin ich zu der Auffassung gekommen, dass ich weitaus *weniger* geistliche Kampfführung praktiziere als die meisten Menschen. Ich habe eine ungewöhnliche Sicht im Hinblick auf dieses Thema. Ich glaube, dass dämonische Mächte in der Welt wirksam sind, aber nicht so, wie viele meinen. Der hauptsächliche wahre geistliche Kampf findet im Bereich von *Wahrheit gegen Lügen* statt. Der Teufel ist ein Lügner und nutzt seine Listigkeit, uns dahin zu bringen, unsere Identität und unsere Autorität abzulegen. Wir müssen unseren Kampf in der Weise begreifen, dass es darum geht, unsere Identität aufrechtzuerhalten, weil die Autorität, die uns als Gläubige verliehen wurde, aus unserer Identität hervorgeht.

Viele Christen sind emotional an einem Punkt angekommen, wo sie sich so fühlen, als sei ihnen ihre Waffenrüstung weggenommen worden. Sie sind zu Brei geschlagen worden. Sie sind in Ketten gelegt worden und werden hinter dem Streitwagen des Teufels als Kriegsbeute hergeschleift. Die Gemeinden sind überfüllt mit Menschen, die sich wie Simson am Grunde des Kerkers fühlen. Es ist an der Zeit, dass wir verstehen, was die Bibel über unsere Identität aussagt, damit wir unsere Autorität zurückerobern können!

Die Wahrheit in Bezug auf unsere Identität ist, dass wir in Christus hineinversetzt worden sind. *„Denn in ihm leben, weben und sind wir"* (Apg 17,28a LUT). Wir bleiben in ihm, und er bleibt in uns (vgl. Joh 15,4). Wir sind mit ihm in die Himmelswelt versetzt worden (vgl. Eph 2,6). *„Denn der in euch ist, ist größer als der, der in der Welt ist"* (1 Joh 4,4b LUT).

Wir sollten die Wahrheit erfahren, *„mehr als Überwinder"* zu sein (Röm 8,37). Christen sollten in der Lage sein, ehrlich zu erklären: *„Alles vermag ich in dem, der mich kräftigt"* (Phil 4,13). Das Wort Gottes sagt uns, dass wir eins im Geist mit ihm sind (vgl. 1 Kor 6,17). Deshalb ist dieselbe Autorität, die wir in Jesu Leben sehen, auch uns verliehen worden. Er hat uns die Schlüssel des Reiches der Himmel gegeben (vgl. Mt 16,19).

Wenn wir begreifen, dass wir in ihm bleiben (vgl. Joh 15,5) (was auch bedeutet, dass wir in seiner Vollmacht bleiben), dann sieht unsere geistliche Kampfführung ganz anders aus: **Wir kämpfen nicht mehr länger *für* den Sieg, sondern *von* der Position des Sieges aus.**

Viele haben gekämpft und gekämpft, aber es ist an der Zeit, dass wir erkennen, dass Jesus die Schlacht bereits gewonnen hat – und danach hat er uns in sich hineinversetzt, damit wir an seinem Sieg Anteil haben! Alle Christen befinden sich in Christus, ungeachtet dessen, ob sie sich einwandfrei verhalten oder nicht.

> *Und dies ist das Zeugnis: dass Gott uns ewiges Leben gegeben hat, und dieses Leben ist in seinem Sohn. Wer den Sohn hat, hat das Leben; wer den Sohn Gottes nicht hat, hat das Leben nicht* (1 Joh 5,11-12).

Mit der Grundlage, dass wir in Christus sind und an seiner Autorität über den Teufel Anteil haben, lassen Sie uns noch tiefer in diese Wahrheit eindringen und herausfinden, dass der Teufel wirklich bis aufs Äußerste besiegt wurde.

Der Apostel Paulus hat viel über das Thema der geistlichen Kampfführung im Neuen Testament geschrieben. Wegen kultureller

Unterschiede jedoch haben wir einige seiner besten Erkenntnisse übersehen.

Zum Beispiel haben wir viel von der Bedeutung von Kolosser 2,15 nicht erschlossen, wo geschrieben steht (SLT): *„Als er so die Herrschaften und Gewalten entwaffnet hatte, stellte er sie öffentlich an den Pranger und triumphierte über sie an demselben."* Mit dem Wort „entwaffnet" benutzt Paulus eine kulturelle Metapher des ersten Jahrhunderts. Er sagt damit aus, dass Jesus Satan voll und ganz jegliche Macht und Autorität weggenommen hat. Es ist ein Begriff, den man für die Entwaffnung eines besiegten Feindes benutzt hat.

Auch der Begriff *triumphieren* hat einen Bezug zur damaligen Kultur. Wenn ein römischer General einen anerkennenswerten Sieg errungen hatte, durfte er mit seinen siegreichen Armeen durch die Straßen von Rom marschieren. Hinter seinem Streitwagen waren alle Könige und Anführer, die er bezwungen hatte, angekettet. Sie waren völlig nackt, lagen in Ketten und wurden hinter dem siegreichen General durch die Straßen gezogen. Sie wurden öffentlich gedemütigt und vor aller Augen als seine Siegesbeute gebrandmarkt.

Paulus spricht von Jesus als einem siegreichen General, der einen kosmischen Triumph genießt (vgl. Joh 12,31). In Jesu Triumphzug wurden alle Mächte des Bösen für immer geschlagen, und das vor aller Augen. Und da wir in ihn hineinversetzt wurden, befinden wir uns mit Jesus im Streitwagen.

Satan ist jetzt nackt und machtlos!

Während sich viele Christen so fühlen, als seien sie die besiegten Krieger, die hinter dem Streitwagen des Teufels hergezogen werden, ist die Wahrheit, dass der Teufel hinter ihren Streitwagen hergezogen wird! Es ist Zeit für uns, zu erkennen, dass wir beständig unsere Autorität über den Feind wahren können, indem wir uns daran erinnern, dass wir mit Jesus im Streitwagen sitzen! Wir haben bereits über Satan triumphiert!

Wir müssen lernen, unseren Triumph über den Teufel *zu wahren.* Der Herr hat uns nicht nur einen völligen Sieg bereitet, sondern auch einen vollkommenen Triumph. Es ist wichtig, dass wir den

Unterschied zwischen diesen beiden Worten – *Sieg* und *Triumph* – begreifen. Nehmen wir ein Fußballspiel als Beispiel: Am Ende des Spiels gewinnt das Team, das die meisten Tore geschossen hat, und erlangt somit den *Sieg*.

Triumph ist das, was sich nach dem errungenen Sieg abspielt. Triumph ist das Feiern auf den Straßen, in den Lokalen und am Arbeitsplatz, nachdem der Sieg errungen wurde. Triumph ist das Herumhüpfen, das Jubeln und das anstößige, vollmundige Prahlen vor dem Angesicht des Gegners, der verloren hat.

Es ist nicht so, dass wir immer noch eine Schlacht gegen Satan führen würden, und wir müssen den Sieg auch nicht mehr erringen. Wir vollstrecken seinen Sieg und schwelgen in dem, was uns bereits gehört; wir triumphieren in unserem König Jesus. Er, *„... der uns allezeit im Triumphzug umherführt in Christus ..."* (2 Kor 2,14).

Der Teufel will, dass die Gemeinde glaubt, dass wir gegen ihn kämpfen müssen, weil er nicht will, dass die Gemeinde begreift, dass er bereits besiegt wurde. Da der Teufel bereits seine Niederlage erlitten hat, ist die Gemeinde nicht deshalb auf dieser Erde, um zu versuchen, den Sieg zu erlangen. Unser Ausgangspunkt ist vielmehr der Sieg, und von da aus gehen wir voran. Zurzeit befinden wir uns als Botschafter auf dieser Erde (vgl. 2 Kor 5,20; Eph 6,19-20), die den Sieg Jesu vollstrecken und dessen Anerkennung ausbreiten.

> *Da nun die Kinder an Fleisch und Blut Anteil haben, ist er gleichermaßen dessen teilhaftig geworden, damit* ***er durch den Tod den außer Wirksamkeit setzte****, der die Macht des Todes hatte, nämlich* ***den Teufel,*** *und alle diejenigen befreite, die durch Todesfurcht ihr ganzes Leben hindurch in Knechtschaft gehalten wurden* (Hebr 2,14-15 SLT).

Dieser Vers ist absolut umwerfend, und dennoch wird er so selten in den modernen Kreisen zitiert, die sich mit geistlicher Kampfführung beschäftigen. Durch das Kreuz hat Jesus dem Teufel die Macht genommen. Das ist eine erstaunliche Wahrheit, über die nachzusinnen sich lohnt.

Eine weitere Lieblingsstelle von mir, die mich in rechter Weise an den Feind erinnern soll, steht im Buch Jesaja:

> *Die dich sehen, schauen dich verwundert an, sie betrachten dich [und sagen]: „Ist das der Mann, der die Erde erzittern ließ, der Königreiche erschütterte; der den Erdkreis zur Wüste machte und seine Städte niederriss; der seine Gefangenen nicht nach Hause entließ?"* (Jes 14,16-17 SLT).

Es wird einen Tag geben, an dem die Gemeinde Satan ansehen und schockiert darüber sein wird, was für ein erbärmlicher Verlierer er tatsächlich ist. Wenn Sie sich in Erinnerung rufen, dass er ein durchtriebener Lügner ist, der anklagt und betrügt – glauben Sie nicht, dass er sich wahrscheinlich ziemlich aufgeblasen hat?

Wenn wir das glauben, was Gott über uns sagt, und nicht auf die Lügen des Teufels reinfallen, dann sind wir für ihn unantastbar.

Seine einzige Waffe

Wenn wir uns daran erinnern, dass wir mit Jesus im Streitwagen sitzen und unser besiegter Feind, Satan, hinter uns hergezogen wird, dann können wir erkennen, dass es beim gegenwärtig stattfindenden geistlichen Kampf ganz einfach nur darum geht, der Stimme unseres Feindes zu widerstehen. Sogar während er hinter dem Streitwagen hergezogen wird – besiegt und armselig –, versucht er uns weiterhin zu verhöhnen, indem er uns belügt, manipuliert, versucht, anklagt und einschüchtert. Dies sind die einzigen Waffen, die ihm noch geblieben sind.

Der Bibel nach sind Lügen Satans Hauptwerkzeug:

> *Warum versteht ihr meine Sprache nicht? Weil ihr mein Wort nicht hören könnt. Ihr seid aus dem Vater, dem Teufel, und die Begierden eures Vaters wollt ihr tun. Jener war ein Menschenmörder von Anfang an und stand nicht in der Wahrheit, weil* ***keine Wahrheit in ihm ist. Wenn er die Lüge redet, so redet er aus seinem Eigenen, denn er ist ein Lügner und der Vater derselben*** (Joh 8,43-44).

Wenn wir zulassen, dass wir auf seine Stimme hören und ihm in irgendeiner Weise recht geben, steigen wir im Grunde genommen aus dem Streitwagen mit Jesus aus, legen unsere königlichen Gewänder ab und lassen uns neben Satan in Ketten legen.

Dies ist dann die Position der Niederlage, in die sich viele Christen unnötigerweise hineinbegeben haben. Die Schlacht mit dem Teufel spielt sich in den Gedanken ab, in denen er zu uns spricht und versucht, uns in die Übereinstimmung mit ihm zu locken. Eine seiner hauptsächlichen Taktiken ist, Gedanken und Versuchungen in unseren Verstand einzupflanzen. Dann versucht er uns einzureden, diese Ideen würden dem Bösen in uns entspringen. Dies wiederum führt dazu, dass wir uns selbst verdammen.

Oftmals habe ich Christen, die mit aller Kraft gegen Versuchungen ankämpften, gefragt, ob sie denn sündigen wollen; ihre Antworten waren ausnahmslos *nein.* Und dennoch kommen die Gedanken weiterhin. Meine Vermutung ist, dass solche Gedanken ihren Ursprung in der Stimme eines Dämons haben, die genauso klingt wie die alte fleischliche Natur, in der sie früher gelebt haben.

Diese Erklärung trifft wahrscheinlich auf viele von uns zu. Deshalb müssen wir diese Gedanken gefangen nehmen und uns bewusst machen, woher sie kommen.

> *Denn obwohl wir im Fleisch wandeln, kämpfen wir nicht nach dem Fleisch; denn die Waffen unseres Kampfes sind nicht fleischlich, sondern mächtig für Gott zur Zerstörung von Festungen; so zerstören wir Vernünfteleien und jede Höhe, die sich gegen die Erkenntnis Gottes erhebt, und* ***nehmen jeden Gedanken gefangen*** *unter den Gehorsam Christi und sind bereit allen Ungehorsam zu strafen, wenn euer Gehorsam erfüllt sein wird* (2 Kor 10,3-6).

Wir müssen vor den Lügen Satans auf der Hut sein. Der Apostel Paulus sagt, dass der Teufel und seine Absichten uns nicht überlisten sollten, *„... seine Absichten sind uns nämlich nicht unbekannt"* (2 Kor 2,11 SLT). Paulus schrieb Timotheus ebenfalls, Dämonen hätten eine Theologie, derer wir uns als Christen bewusst sein müssten. Diese dämonischen Lehren sind raffiniert und überzeugend genug, um Christen vom Glauben abzubringen. Paulus schrieb: *„Der Geist aber sagt ausdrücklich, dass in späteren Zeiten manche vom Glauben abfallen werden, indem sie auf betrügerische Geister und Lehren von Dämonen achten"* (1 Tim 4,1).

Während es zwar stimmt, dass der Teufel umhergeht wie ein brüllender Löwe, kann er doch nur die verschlingen, die seinen Lügen Glauben schenken. Wenn wir uns seiner Absichten bewusst sind und es ihm nicht erlauben, uns zu überlisten, müssen wir auch niemals im Maul des Löwen enden.

> *Seid nüchtern, wacht! Euer Widersacher, der Teufel, geht umher wie ein brüllender Löwe und sucht, wen er verschlingen kann. Dem widersteht standhaft durch den Glauben …* (1 Petr 5,8-9).

Dem Apostel Johannes nach sind wir für den Teufel buchstäblich unantastbar. *„Wir wissen, dass jeder, der aus Gott geboren ist, nicht sündigt; sondern der aus Gott Geborene bewahrt ihn, und der Böse tastet ihn nicht an"* (1 Joh 5,18). Dies ist die Wirklichkeit, die wir dadurch erfahren, dass wir wissen, wer wir in Christus sind, und indem wir uns weigern, mit den Lügen Satans übereinzustimmen.

Unsere Waffen

Da Lügen die Werkzeuge des Teufels sind, die er benutzt, um Menschen in Gebundenheit hineinzubringen, ist Wahrheit das Werkzeug, das Gott benutzt, um Menschen zu befreien. So wie es auch die Bibel ausdrückt: *„Und ihr werdet die Wahrheit erkennen, und die Wahrheit wird euch frei machen"* (Joh 8,32).

Damit wir in unserem Triumph über den Teufel festbleiben, müssen wir uns an zwei wichtige Worte erinnern: zu *widerstehen* und *standhaft* zu bleiben. **Der Teufel ist bereits besiegt, er hat bereits verloren, und es gibt nichts, was wir dem hinzufügen können, was Jesus am Kreuz vollbracht hat.** Somit ist unsere momentane Strategie, zu *widerstehen* und *standhaft* zu bleiben. Wir bleiben standhaft und widerstehen den Lügen des Teufels, weil es die einzigen Waffen sind, die ihm geblieben sind.

> ***Dem widersteht standhaft*** *durch den Glauben …* (1 Petr 5,9).

> ***Widersteht aber dem Teufel!*** *Und er wird von euch fliehen* (Jak 4,7).
>
> *Zieht die ganze Waffenrüstung Gottes an, damit ihr* ***gegen*** *die Listen des Teufels* ***bestehen*** *könnt! ... Deshalb ergreift die ganze Waffenrüstung Gottes, damit ihr an dem bösen Tag* ***widerstehen,*** *und wenn ihr alles ausgerichtet habt,* ***stehen bleiben könnt!*** *So* ***steht*** *nun ...* (Eph 6,11; 13-14).

Nach Epheser 6 haben wir eine Strategie: zu widerstehen, zu bestehen und fest zu bleiben. Sobald wir verstehen, dass Jesus dem Teufel jegliche Autorität genommen hat, erkennen wir gleichzeitig, dass es nicht länger unser Ziel ist, den Sieg zu erlangen, sondern den Sieg zu bewahren. Jesus hat alle Autorität erlangt, und dann hat er sie seinen Nachfolgern verliehen. Deshalb müssen wir jetzt standhaft sein und dem Teufel widerstehen, um unsere Stellung der Autorität zu wahren.

Wir müssen diese Lügen enttarnen und anfangen, fest zu stehen und den Lügen mit der Wahrheit zu widerstehen, damit wir den Sieg erleben können, den Jesus für uns erkauft hat.

Solange wir diesen Lügen weiterhin Glauben schenken, bleiben wir in Gebundenheit. Wenn uns die Lügen, denen wir zugestimmt haben, bewusst werden, können wir uns von diesen Zustimmungen lösen, in die Wahrheit eintreten und befreit werden!

Aktivierung

Für diese Aufgabe empfehle ich Ihnen, einen Notizblock und einen Stift zur Hand zu haben. Bitten Sie im Laufe der kommenden Woche den Heiligen Geist, Ihnen in Ihren Gebetszeiten die Lügen zu zeigen, die Sie insbesondere in Bezug auf Ihre Identität geglaubt haben. Sobald er Ihnen eine Lüge zeigt, schreiben Sie diese auf. Dann bitten Sie ihn, Ihnen mitzuteilen, was die entsprechende Wahrheit zur jeweiligen Lüge ist. Beginnen Sie damit, diese Lügen gefangen zu nehmen, und zerschlagen Sie sie mit der Wahrheit, die der Heilige Geist Ihnen zeigt.

Kapitel 17

Seherwaisen und geistliche Reife

Als Karen das Vorwort zu diesem Buch schrieb, waren wir erst eine kurze Zeit als Konferenzsprecher im Reisedienst unterwegs gewesen. Im Vorwort beschrieb sie eine Gruppe von Menschen, für die ich den Ausdruck *„Seherwaisen"* verwende. Seit „Die Schule der Seher" im Jahre 2009 zum Bestseller geworden ist, sind wir sehr viel gereist und haben Unmengen von Menschen kennengelernt, die sich wie diese Waisen fühlten, die Karen beschreibt. Dieses Kapitel gilt diesen Menschen.

Obwohl es einem so vorkommen mag, als gäbe es Dutzende verschiedener Typen von Waisen, gibt es einen Punkt, der sich wie ein roter Faden durch das Leben aller zieht, die wir getroffen haben. Das Kernproblem derjenigen, die sich wie *Seherwaisen* fühlen, betrifft ihre Identität.

Ob es nun Unsicherheit ist, die daraus resultiert, dass sie sich missverstanden fühlen, oder ob sie Angst davor haben, Leitern im Leib Christi zu vertrauen – der Großteil der Seher, die ich kennengelernt habe, ringt immer noch mit der Frage, wer sie sind und woher ihr Wert und ihre wahre Autorität kommt. Solange diese Fragen nicht geklärt sind, werden viele Probleme auftauchen.

Um zu erkennen, wo Sie stehen, lassen Sie mich Ihnen ein paar Frage stellen. Wären Sie in der Lage dazu, zu Folgendem in Ihrem Leben „ja" zu sagen?

- Enthält Ihr Leben Fülle von Freuden? (vgl. Ps 16,11)
- Ist Ihr Herz in völliger Ruhe? (vgl. 1 Joh 3,19-20, Mt 11,30)
- Fühlen Sie sich völlig frei? (vgl. 2 Kor 3,17)
- Fließt Ihr Leben über mit lebendigem Wasser? (vgl. Joh 4,14)
- Würden Sie sagen, dass Sie wirklich ein Leben in Fülle haben? (vgl. Joh 10,10)

Mir ist klar, dass es schwierig ist, diese herausfordernden Fragen ehrlich zu beantworten, und dennoch beschreibt die Bibel so das normale Christenleben. Falls diese Punkte uns nicht beschreiben, gibt es einen Graben zwischen uns und dem normalen Christenleben. Ich glaube, dass dieser Graben daher resultiert, dass unser Verständnis von unserer Identität nicht mit Jesu Sicht übereinstimmt.

Es geht hier nicht darum, Ihnen Schuld aufzuladen. Wir alle befinden uns im Wachstum, was unser Verständnis über unsere Identität in Christus angeht. Ja, ich glaube, dass es das Hauptziel unseres geistlichen Wachstums ist, unsere Identität immer besser zu verstehen. Während viele es als Zeichen von Reife ansehen, wenn jemand die einschlägigen geistlichen Übungen praktiziert, entspricht dies nicht dem Weg des Reiches Gottes. Selbstdisziplin ist eine Folge des Wirkens des Heiligen Geistes und nicht der Weg, sich selbst dazu zu zwingen „besser" oder „reifer" zu sein. Je mehr jemand versteht, wer er ist, desto mehr wird Selbstdisziplin auf natürliche Weise aus seiner Identität hervorfließen.

Worum es beim Wachstum wirklich geht

Das echte Wachstum eines Christen verläuft so, dass er jeden Tag ein bisschen mehr die Fülle versteht, die er in Christus empfangen hat. Wir erhalten immer mehr Klarheit in Bezug auf unsere Position und Identität in Christus. Bei unserem Wachstum geht es nicht um unsere Errungenschaften; Jesus hat bereits alles für uns errungen. Unser Wachstum dreht sich darum, das, was Jesus für uns getan hat, zu *empfangen.* Viele Christen versuchen eher, sich einen geistlichen Gehaltsscheck zu erarbeiten, anstatt zu begreifen, dass Jesus schon die ganze Arbeit verrichtet hat. Und unsere Aufgabe liegt nun darin, in Gnade zu leben und den Gehaltsscheck abzuholen, den er bereits für uns verdient hat. Die Idee, die ich in diesem Kapitel anreiße, könnte ohne Weiteres viele Seiten einer Menge von Büchern füllen, also kann ich ihr hier nicht gerecht werden.[1] Es genügt, wenn ich sage, was Paulus den Philippern mitgeteilt hat, als er ihnen schrieb: *„Doch wozu wir gelangt sind, zu dem lasst uns auch halten"* (Phil 3,16). **Wachstum bedeutet, dass Sie Ihre Identität besser verstehen.** Es bedeutet, in das hineinzuwachsen, was Sie bereits empfangen haben.

Es bedarf in Wirklichkeit einer Offenbarung, um den herrlichen Reichtum unseres Erbes zu verstehen. Dies geschieht nicht, indem wir einfach die Schriftstellen darüber auswendig lernen und zitieren. Es erfordert dasselbe, was Paulus in diesen Versen beschrieb: *„... dass der Gott unseres Herrn Jesus Christus, der Vater der Herrlichkeit, euch gebe den Geist der Weisheit und Offenbarung in der Erkenntnis seiner selbst. Er erleuchte die Augen eures Herzens, damit ihr wisst, was die Hoffnung seiner Berufung, was der Reichtum der Herrlichkeit seines Erbes in den Heiligen ist"* (Eph 1,17-18).

Je geistlicher, desto angegriffener?

Eine der größten Herausforderungen für *Seherwaisen* ist, dass viele Menschen ihr Empfinden von Reife und Identität daran festmachen, wie viel Zeit sie für geistliche Kampfführung aufwenden. Das Klischee lautet: „Je geistlicher, desto angegriffener", weshalb der geistliche Kampf zunähme, je reifer man würde. Die Zunahme an geistlichem Kampf wird auch als Beweis dafür genommen, dass man etwas Richtiges oder Bedeutsames tut. Das Denken dahinter ist, dass der Teufel sich nicht die Mühe mache, seine Zeit an unwichtiger Beute zu verschwenden.

---

[1] Wenn Sie mehr über Identität verstehen wollen, dann lesen Sie mein Buch *Eyes of Honor* (GloryWorld-Medien 2015).

Obwohl diese Vorstellungen in charismatischen Kreisen weitverbreitet und anerkannt sind, würde ich Sie dringend bitten, einige davon neu zu überdenken.

Als ich geistliches Wachstum und seinen Zusammenhang mit geistlicher Kampfführung besser verstand, kam ich zu einer sehr einfachen Überzeugung: Je stärker ein Christ in seiner Identität lebt, desto weniger ist er mit geistlicher Kampfführung beschäftigt. Hier folgt ein fiktives Beispiel, das dabei helfen soll, Ihnen meine Perspektive zu erklären.

Nehmen wir einmal an, ein Mann namens „Steve" nimmt Jesus als seinen Herrn an. Nachdem er sechs Tage lang ein gläubiger Christ ist, kommt ein Dämon bei ihm vorbei und will ihn durcheinanderbringen. Am sechsten Tag in seinem Leben mit dem Herrn hat Steve noch nicht gelernt, welche Autorität und Identität er hat, geschweige denn weiß er etwas über seine vollen Rechte als von Gott angenommener Sohn.

Stellen Sie sich nun vor, dass es in der geistlichen Welt Dämonen mit einer Stärke von 1 bis 9 gibt, wobei 1 der schwächste Dämon und 9 der stärkste Dämon wäre.

Auf dieser Stufe in Steves Wandel könnte jeder Dämon zwischen 1 und 9 kommen und ihn entmutigen, ihn belügen oder ihn bestehlen.

Sechs Monate später besuchen wir Steve erneut. Inzwischen ist er in seinem Verständnis, was Jesus für ihn getan hat, gewachsen und hat verstanden, dass er von Jesus Autorität bekommen hat und dass er ein Botschafter des Himmels und ebenso ein von Herzen geliebter Sohn ist. Das hat dazu geführt, dass die Dämonen mit der Stärke 1 bis 4 keine Möglichkeit mehr haben, Steve zu belügen, weil er inzwischen weiß, dass er nicht auf sie hören muss. Sie können ihn nicht mehr bestehlen, weil er sie identifiziert und es ihnen heimzahlt. Im Grunde genommen tauchen die Dämonen 1 bis 4 erst gar nicht mehr auf, um gegen ihn zu kämpfen. In diesem Sinne hat Steve sich auf ein höheres Niveau begeben und hat deshalb mit einer höheren Rangordnung von Dämonen zu tun. Von nun an kommen nur noch die Dämonen mit der Stärke 5 bis 9, um ihn zu belästigen.

Sechs Jahre später besuchen wir Steve noch einmal. Er ist inzwischen sicher und fest wie nie zuvor in seiner Identität gegründet. Er steht fest auf dem vollendeten Werk von Christus am Kreuz. Er praktiziert es, ein Sohn zu sein, und lebt durch Gnade im Glauben. Gnade treibt ihn an und verleiht ihm die Kraft für alles, was er tut. Christus ist für Steve das Leben und das Sterben Gewinn (vgl. Phil 1,21). Auf diesem Entwicklungsstand ist er in der Lage, sich mit Christus zu identifizieren und kann sagen, dass er alle Autorität über den Teufel hat. Steve befindet sich inzwischen auf Stufe 10. Der Teufel hat allerdings maximal Stärke 9, das heißt, Steve ist unantastbar geworden, so wie sich auch der Apostel Johannes verstanden hat.

> *Wir wissen, dass jeder, der aus Gott geboren ist, nicht sündigt; sondern der aus Gott Geborene bewahrt ihn, und der Böse tastet ihn nicht an* (1 Joh 5,18).

Diese Vorstellung ist eine Herausforderung, weil viele noch nicht einmal glauben, dass wir auf Ebene 10 leben können. Dennoch hat Johannes dies geglaubt, und es hat bei ihm funktioniert. Selbst unter den Aposteln gab es unterschiedliche Ansichten. Betrachten Sie einmal Paulus, der sagte, der Teufel habe ihn auf seinen Reisen gehindert (vgl. 1 Thess 2,17-18), während Johannes behauptete, unantastbar zu sein.

Der Kirchengeschichte können wir entnehmen, dass die übrigen elf Apostel (und auch Paulus) als Märtyrer gestorben sind, Johannes jedoch nicht. Johannes hatte eine Offenbarung über seine Sohnschaft, die ihn unantastbar machte. Johannes wurde verfolgt und in ein Fass mit kochendem Öl geworfen, doch hat ihm dies keinen Schaden zugefügt. Letztendlich musste man ihn ins Exil auf eine Insel verbannen, weil er wirklich unantastbar war.

Wenn wir mein Beispiel auf Jesus übertragen, entdecken wir Folgendes. Jesus wird in Matthäus 4 getauft, und der Teufel (Stufe 9) und sein Gefolge (Stufe 1 bis 8) führen eine Debatte in ihrer „Einsatzzentrale". Der Teufel versucht, einen seiner Dämonen zu beauftragen, Jesus in der Wüste zu versuchen. *„Geh dorthin und führe ihn in Versuchung"*, brüllt der Teufel einen

Dämon auf Stufe 8 an. Der Dämon fleht ihn an: *„Aber Jesus ist doch der, vom dem prophezeit wurde, er werde auf Stufe 10 sein, also bin ich nicht von Nutzen. Ich bin doch nur auf Stufe 8. Satan, du selbst solltest hingehen, du bist der Einzige hier auf Stufe 9!"* Also taucht Satan in der Wüste auf, um Jesus zu versuchen, nicht weil er irgendeine Chance gehabt hätte, sondern weil er den höchsten Rang unter den Teufeln hatte und der Beste ist, den die finstere Seite zu bieten hat. Jedes Mal, wenn Jesus den Dämonen auf den Stufen 1 bis 8 begegnet, geraten sie völlig in Panik. Sie flehen ihn an, nicht in den Abgrund geworfen zu werden, sie fürchten sich und kreischen: „Wir wissen, wer du bist!" Dämonen wollten nicht in seiner Nähe sein, wenn Jesus auftauchte. Dämonen wollen auch nicht in Ihrer Nähe sein, wenn Sie auftauchen, aber wenn Sie keine Klarheit über Ihre Identität haben, werden Sie die Dämonen auf den Ebenen 1 bis 9 mit Lügen, Entmutigung und Beraubung angreifen.

Es ist wahr, dass Sie ranghöheren Dämonen entgegentreten werden, wenn Sie in Ihrem Verständnis über Ihre Identität in Christus Fortschritte machen. Wenn Sie sich in Ihrem Verständnis auf Stufe 4 befinden, dann werden Ihnen Dämonen auf Stufe 5 und höher entgegentreten. Aber gleichzeitig werden Sie nicht länger gegen die Dämonen auf Stufe 1 bis 4 zu kämpfen haben, weil Sie bereits Ihre Autorität über sie eingenommen haben. Sobald Sie Stufe 7 erreicht haben, müssen Sie nicht mehr mit denen auf den Stufen 1 bis 7 kämpfen, sondern werden es mit jenen auf Stufe 8 und 9 zu tun haben. Das heißt, obwohl Sie höheren Stufen gegenüberstehen, nimmt die Notwendigkeit geistlicher Kampfführung insgesamt ab, weil der Großteil des dämonischen Heeres sich gar nicht erst auf Sie einlassen möchte.

Meine praktische Empfehlung lautet, dass wir uns nicht auf die Kampfführung konzentrieren, sondern darauf, eine Offenbarung über unsere Identität in Christus zu bekommen. Auf diese Weise wachsen wir.

Aktivierung

Sprechen Sie folgendes Gebet in Ihren eigenen Worten.

> *Herr, ich bitte dich, dass du mir eine Offenbarung darüber schenkst, wie du mich wirklich siehst,*
> *damit ich die Höhen, die Tiefen, die Weite und die Länge der Liebe begreife, die du für mich hast,*
> *sodass ich in vollem Maße erkenne und erfahre, was es bedeutet, dein Kind zu sein.*

Nehmen Sie sich einige Minuten Zeit und lassen Sie Jesus zu Ihrem Herzen sprechen. Schreiben Sie auf, was er Ihnen zeigt oder sagt.

SCHLUSS

Von Herrlichkeit zu Herrlichkeit

Ich habe bereits einiges darüber gesagt, was es bedeutet, im Glauben in neue Bereiche vorzudringen, in der Liebe zu wandeln, unser Unterscheidungsvermögen zu stärken und so weiter. An dieser Stelle möchte ich das Buch mit folgender Bemerkung abschließen: Strecken Sie sich ständig nach mehr aus. Bevor Sie dieses Buch gelesen haben, hatten Sie bestimmte Ansichten, Meinungen und Auffassungen; hoffentlich sind Sie herausgefordert und Ihr Horizont erweitert worden.

Mein Ziel war nämlich nicht nur, Ihnen mehr Informationen zu liefern, sondern einen Hunger in Ihnen zu wecken, das Verlangen neu zu entfachen, mehr geistliches Leben in Jesus zu erlangen. Wir müssen alles darangeben, dass wir Fortschritte, Wachstum, einfach „mehr" erleben! Ich möchte dieses Kapitel nutzen, um Sie herauszufordern und daran zu erinnern, dass es das Wesen des Reiches Gottes ist, sich fortzuentwickeln. Das Wort Gottes erklärt, dass wir uns:

- von Gnade zu Gnade (vgl. Joh 1,16)
- von Kraft zu Kraft (vgl. Ps 84,8)
- von Glaube zu Glaube (vgl. Röm 1,17)
- von Herrlichkeit zu Herrlichkeit bewegen (vgl. 2 Kor 3,18)
- und heller und heller strahlen werden (vgl. Spr 4,18).

In Hesekiel 47,1-5 beschreibt Hesekiel eine prophetische Erfahrung mit dem Strom Gottes. Er watete ins Wasser und führte vier Messungen durch. Bei der ersten Messung ging ihm das Wasser bis zu den Knöcheln, bei der zweiten bis zu den Knien, bei der dritten bis an die Hüfte und beim letzten Mal reichte das Wasser bis über seinen Kopf. Dies ist ein klares Bild für das Wesen des Reiches Gottes: Wir sollten immer weiter voranschreiten, bis das Wasser des Stromes Gottes schließlich weit über unseren Kopf reicht.

Eine der messianischen Prophetien über Jesus lautete: *„Die Mehrung der Herrschaft und der Friede werden kein Ende haben …"* (Jes 9,6 SLT). Jesus hat ein Königreich in Gang gesetzt, das immer noch voranschreitet und Tag für Tag mehr aufgerichtet wird.

Jesus hat es mit folgenden Worten ausgedrückt: *„Das Reich der Himmel gleicht einem Senfkorn, das ein Mensch nahm und auf seinen Acker säte; es ist zwar kleiner als alle Arten von Samen, wenn es aber gewachsen ist, so ist es größer als die Kräuter und wird ein Baum, sodass die Vögel des Himmels kommen und in seinen Zweigen nisten"* (Mt 13,31-32).

Jesus gebrauchte noch eine weitere Veranschaulichung: *„Das Reich der Himmel gleicht einem Sauerteig, den eine Frau nahm und unter drei Maß Mehl mengte, bis es ganz durchsäuert war"* (Mt 13,33).

Das Wesen von Gottes Beziehung mit uns

Manchmal hört man im Leib Christi: „Wenn Gott möchte, dass wir wachsen, wird er die ganze Arbeit tun." Ich hoffe, dass niemand bewusst so denkt, aber durch ihren Lebensstil verkünden dies viele laut und deutlich. Eine solche von Faulheit geprägte Herangehensweise ans Christenleben rührt von einer völlig falschen Sicht der Souveränität Gottes her. In der Geschichte von Mose können wir ein großartiges Beispiel dafür entdecken, wie Gott selbst diese Sichtweise korrigiert.

> *Mose aber antwortete dem Volk: Fürchtet euch nicht! Steht und seht die Rettung des HERRN, die er euch heute bringen*

> *wird! Denn die Ägypter, die ihr heute seht, die werdet ihr weiterhin in Ewigkeit nicht mehr sehen. Der HERR wird für euch kämpfen, ihr aber werdet still sein. Und der HERR sprach zu Mose: Was schreist du zu mir? Befiehl den Söhnen Israel, dass sie aufbrechen! Du aber erhebe deinen Stab und strecke deine Hand über das Meer aus und spalte es, damit die Söhne Israel auf trockenem Land mitten in das Meer hineingehen* (2 Mose 14,13-16).

Unsere Auffassung von der Souveränität Gottes wird darüber bestimmen, ob wir weiterhin mit Gott vorangehen. Er regiert über alles, aber gleichzeitig hat er uns Autorität gegeben, und er möchte, dass wir diese einsetzen, um in unserer Berufung und Bestimmung voranzugehen. Wenn wir nur herumsitzen und behaupten, Gott werde schon alles machen, dann haben wir das Wesen von Gottes Beziehung zu uns nicht verstanden und werden auch nicht weiter mit dem Herrn vorangehen. Im Wort Gottes heißt es, dass er uns alles gegeben hat, was wir zu einem gottgefälligen Leben brauchen, und dass wir unsere Errettung mit Furcht und Zittern bewirken sollen. Wir müssen nach Gerechtigkeit hungern und dürsten, immer weiter voranpreschen, um mehr zu empfangen, und nach der Liebe und den Geistesgaben eifern. Ich glaube, dass wir insbesondere jetzt in einer Zeit leben, in der wir uns ernsthaft nach der Gabe der Unterscheidung der Geister ausstrecken sollten. Diese Gabe muss im Leib Christi wiederhergestellt werden.

Wiederherstellung der Gabe der Unterscheidung der Geister

Vor Kurzem habe ich ein Buch von der Sorte „Geistesgaben für Anfänger" gelesen. Während ich die Inhaltsangabe überflog, bemerkte ich, dass es für jede der neun Geistesgaben jeweils ein Kapitel gab. Die Gabe der Prophetie und die der Unterscheidung der Geister waren jedoch in einem Kapitel zusammengefasst. Ich blätterte die 20 Seiten dieses Kapitels durch und stellte fest, dass es in den ersten 18 Seiten nur um Prophetie ging und lediglich die letzten zwei Seiten sich mit der Unterscheidung der Geister befassten. In diesem 165-seitigen Grundlagenbuch gab es nur zwei Seiten über diese so vernachlässigte Gabe. Auf diesen zwei Seiten wurden mindestens fünf unverbindliche Aussagen gemacht, was diese Gabe „sein könnte", „möglicherweise sein könnte" oder „vielleicht sein könnte". Der Autor war sich noch nicht einmal sicher, was diese Gabe genau beinhaltet.

Als ich im Internet nach Diensten suchte, die in der Geisterunterscheidung tätig sind, waren die ersten zehn aufgelisteten Ergebnisse in der Google-Suchmaschine solche Webseiten, die sehr gegen den Heiligen Geist gerichtet und extrem kritisch und verunglimpfend waren. Diese hasserfüllten und verleumderischen Seiten stellen eine Unterscheidung dar, die aus dem Fleisch kommt, aber nicht die übernatürliche Gabe des Heiligen Geistes. Dies alles schildere ich, um die unbedingte Notwendigkeit hervorzuheben, wie dringend der Leib Christi heute die Wiederherstellung der Gabe der Unterscheidung der Geister nötig hat.

Von den neun Gaben des Heiligen Geistes sind bereits acht durch den Prozess der Wiederherstellung (vgl. Apg 3,21) gegangen und haben im Leib Christi inzwischen wieder einen Rang von Bedeutung eingenommen. Das möchte ich genauer erklären.

Die Gaben des Zungenredens und der Auslegung derselben sind beide durch einen Wiederherstellungsprozess innerhalb der Gemeinde gegangen, der bereits im Jahre 1906 mit der Erweckung in der Azusa Street[1] begann. Seitdem werden diese beiden Gaben in vielen Denominationen als normal anerkannt. Die Gabe der Heilung und das Wort der Erkenntnis wurden im Jahre 1948 durch die Bewegung „Voice of Healing" („Stimme der Heilung"), die 1948 anfing, für die Gemeinde wiederhergestellt. Danach wurde die Gabe des Glaubens durch so wunderbare Lehrer wie Kenneth Hagin, Kenneth Copeland und die „Wort des Glaubens"-Bewegung zurück in die Gemeinde gebracht. Die Gabe der Prophetie und das Wort der Weisheit wurden durch den Dienst

[1] Diese markierte den Beginn der Pfingstbewegung (Anm. d. Herausg.)

„Christian International", durch die Propheten in Kansas City und die Vineyard-Bewegung in den 1980er-Jahren zurückgebracht.

Die beiden einzigen Gaben, die den Wiederherstellungsprozess noch nicht abgeschlossen haben, sind die Gabe der Wunderwirkungen und die Gabe der Unterscheidung der Geister. Ich glaube, dass die Wiederherstellung der Gabe der Wunderwirkungen seit Mitte der 90er-Jahre im Gange ist. Betrachten Sie die gewaltigen Wunder, die unter Dienern Gottes wie Heidi Baker, David Hogan, Bill Johnson, Randy Clark und vielen anderen geschehen. Es hat inzwischen schon Tausende und Abertausende von körperlichen Wunderheilungen auf der ganzen Welt gegeben. Darüber hinaus sind Hunderte Menschen in den letzten 15 Jahren von den Toten auferweckt worden. So glaube ich, dass wir zurzeit eine Wiederherstellung der Gabe der Wunderwirkungen im Leib Christi erleben. Ziehen Sie auch die unerklärlichen Manifestationen von Gottes Herrlichkeit in Betracht, wie Goldstaub, himmlisches Manna, himmlische Edelsteine, Federn, die in Versammlungen herabfallen, Gliedmaßen, die herauswachsen, sofortiger Gewichtsverlust und anderes mehr.

Vorreiter

Bei jeder Gabe, die durch den Prozess der Wiederherstellung gegangen ist, hat es eine Gruppe von Menschen gegeben, die daran gearbeitet haben, die jeweilige Gabe wiederherzustellen. Ob es nun Propheten, Apostel, Heiler, Lehrer oder Evangelisten waren: Gott beruft immer zuerst Vorreiter, bevor er eine großflächige Wiederherstellung anstößt. Zurzeit hat er Seher in den Leib Christi gesetzt, die mit ihrer Begabung andere in der Gabe der Unterscheidung der Geister trainieren. Weil dies ihre primäre Gabe ist, wird Gott in der nächsten Bewegung des Heiligen Geistes Seher einsetzen, um den übrigen Teil des Leibes Christi in der Gabe der Unterscheidung der Geister zu unterweisen. Seien Sie bereit, in den nächsten Jahren mehr über Seher zu hören.

Warum kommt Unterscheidung als Letztes?

Ich glaube, dass Gott die Gabe der Unterscheidung der Geister absichtlich an den Schluss seines Zeitplans der Wiederherstellung gesetzt hat. Das möchte ich begründen.

Erstens wissen wir, dass wir uns auf den Tag freuen, an dem die Gemeinde zur *„Einheit des Glaubens"* gelangen wird (Eph 4,11-13). Der Tag wird kommen, wenn die Gemeinde in Einheit und Herrlichkeit zum Vollmaß des Wuchses der Fülle Christi herangereift ist.

Zweitens betete Jesus, dass wir, die Gemeinde, eins sein würden, so wie er und der Vater eins sind (vgl. Joh 17,21). Ich glaube, dass das Gebet von Jesus beantwortet wird. Die Gemeinde wird in derselben Einheit wandeln, in der Jesus und der Vater gewandelt sind bzw. wandeln.

Drittens, und dies ist der allerwichtigste Grund, muss es eine Wiederherstellung der Liebe Gottes im Leib Christi geben, damit die Gemeinde der Endzeit zu wahrer Einheit zurückgeführt werden kann.

Diese Verse deuten auf einen Tag hin, an dem eine Einheit und Liebe in der Gemeinde vorzufinden sein werden, wie wir es noch nicht gesehen haben. Erinnern Sie sich an die eine Definition, die ich in Bezug auf die Unterscheidung der Geister gegeben habe: „Die Situationen und Menschen um uns herum so betrachten, als sähen wir sie durch die Augen Jesu." Diese Gabe muss wiederhergestellt werden, damit wir andere in rechter Weise durch die reinen Augen der Liebe Jesu sehen. Wahre Liebe unter den Brüdern muss wiederhergestellt werden, bevor sich wahre Einheit manifestieren wird. Diese Gabe muss nicht nur wieder einen angemessenen Platz einnehmen, damit ebenjener Tag kommen kann, sondern sie ist auch die letzte der neun Gaben, die noch Wiederherstellung braucht.

Liebe und Unterscheidung

Wie wir in diesem Buch gelernt haben, geht eine Unterscheidung der Geister immer mit der Liebe Hand in Hand. Ich glaube, dass die Wiederherstellung dieser Gabe die letzte Brücke ist, die geschlagen werden muss, damit die Bewegung der Liebe und der Einheit in der Gemeinde in Gang kommen kann.

> *Und um das bete ich, dass eure* ***Liebe*** *noch mehr und mehr überströme in Erkenntnis und allem* ***Urteilsvermögen*** (Phil 1,9).

Die Offenbarung ist: „Wenn der Leib Christi alles durch die Augen der Liebe (Unterscheidung) betrachtet, dann wandeln wir in wahrer Liebe und Einheit." Liebe und Unterscheidung sind unwiderruflich miteinander verknüpft.

Hier folgt die geistliche Entwicklung, die wir in den nächsten Jahrzehnten erwarten dürfen:

1. Seher werden von Gott in der Gemeinde eingesetzt.
2. Seher werden die Gemeinde in Bezug auf die Gabe der Unterscheidung der Geister lehren und trainieren.
3. Die Glieder der Gemeinde werden dann anfangen, sich untereinander durch die Augen Jesu zu sehen.
4. Dies wird zu einer noch nie dagewesenen Bewegung der göttlichen Liebe führen.
5. Wahre göttliche Liebe wird eine Bewegung der wahren göttlichen Einheit hervorbringen.
6. Die *„Einheit des Glaubens"* (Eph 4,11-13) wird Wirklichkeit werden, und *„wir* [die Gemeinde] *eins werden, so wie er und der Vater eins sind"* (Joh 17,21).
7. Dadurch wird eine der letzten Prophetien, die noch ausstehen, erfüllt werden, bevor Jesus den neuen Himmel und die neue Erde schaffen kann (vgl. Offb 22).

Ein Wort vom Herrn

Ich schließe dieses Buch mit einer Erklärung ab, von der ich glaube, dass sie vom Herrn ist und von der nächsten Bewegung des Heiligen Geistes handelt:

> Die Gabe der Unterscheidung der Geister wird die nächste Gabe sein, die für die Gemeinde wiederhergestellt wird. Wenn die Glieder der Gemeinde einander immer mehr durch die Augen Jesu sehen, wird eine tiefe Einheit entstehen. Trennende Mauern und Spaltungen unter den Denominationen werden in zunehmendem Maße niedergerissen und beseitigt werden. Brüder und Schwestern in der gesamten Gemeinde werden als ein Leib zusammenkommen wie nie zuvor. Dann wird das liebende Herz des Herrn in vollem Maße durch seine Braut, sein Volk, seine Gemeinde zum Ausdruck kommen.[1]

Aktivierung

Machen Sie sich einen Plan, wie Sie gottgefällige Gewohnheiten in Ihr Leben einbauen können, damit Sie geistlich wachsen. Fangen Sie mit dem an, was Sie hier gelernt haben, und bauen Sie es allmählich aus. Dies ist nur der Anfang.

- **Beten Sie im Geist und in der Wahrheit an.**
- **Schauen Sie regelmäßig Jesus an.**
- **Bemühen Sie sich um Gabenübertragungen durch Handauflegung.**
- **Halten Sie Ihre geistlichen Augen rein.**
- **Verfassen Sie einen Brief von Jesus an Sie persönlich.**
- **Erkennen Sie die Liebe an, die in Ihr Herz ausgegossen wurde.**
- **Bitten Sie den Herrn, dass er Ihnen Geheimnisse mitteilt.**

---

[1] Jonathan Welton, 20. Oktober 2008.

Praktizieren Sie die folgenden vier Schlüssel zum Erfolg:

1. Fasten und Gebet
2. Beten im Geist
3. Gottes Stimme hören
4. Gemeinschaft mit glaubensstarken Menschen pflegen

Erklären Sie dem Herrn:

1. *Jesus, ich werde dir unter allen Umständen eifrig nachjagen.*
2. *Ich werde Kränkungen und Enttäuschungen überwinden, um dir nachzufolgen.*
3. *Ich werde dir nachfolgen, und zwar voller Glauben.*

Fünf Dinge, über die Sie meditieren können:

- gute Dinge
- das Wort Gottes
- prophetische Worte
- den Herrn selbst
- die Werke Gottes

STUDIENHEFT

Zu diesem Buch ist gleichzeitig ein Studienheft erschienen, das sowohl für das persönliche vertiefte Studium der im Buch angesprochenen Themen gedacht ist als auch für Gruppen, die miteinander im Prophetischen wachsen wollen (Bestellnummer: 359286).

KONTAKT ZUM AUTOR

Kontaktinformation für den Dienst des Autors:

Jonathan Welton
www.WeltonAcademy.com

Weitere Produkte von GloryWorld-Medien

„Himmlische Bücher für die Erde“

Jonathan Welton, Augen der Ehre

Befreit leben in Reinheit und Gerechtigkeit, 248 S., Pb.

Um ein Leben in Reinheit und Gerechtigkeit zu leben, braucht es keine Übungen zur Verhaltensanpassung, sondern eine korrekte Offenbarung über unsere Identität in Christus.

Im zweiten Teil geht der Autor auf die Bereiche ein, die häufig Fallstricke für jeden darstellen, der nach einer gerechten Lebensführung trachtet. Und zum Schluss stellt er einen völlig anderen Ansatz vor, wie wir unsere Geschwister durch den Glauben betrachten sollten.

Das Buch ist zwar unter dem Aspekt der sexuellen Reinheit für Männer geschrieben, ist aber durch seinen allgemeinen Ansatz eine gute Grundlage für Männer und Frauen, jegliche Art von Versuchung oder Sucht zu überwinden.

Kevin Basconi, Mit den Engeln tanzen (Band 1)

Die Grundlagen: Gottes Engel erkennen, einladen und beauftragen; 240 S.; Paperback

Mit diesem Buch stellt uns Kevin Basconi eine inspirierende, biblisch fundierte und praktische Anleitung zur Verfügung, wie ganz normale Gläubige mit Engeln zusammenarbeiten und sie sogar beauftragen können, um den Willen Gottes auszuführen.

Das Buch ist eine großartige Hilfe für die Gemeinde, um sie auf die Zeit der Ernte vorzubereiten, in der Engel eine tragende Rolle spielen werden, und sie für die bevorstehenden Heilungserweckungen zuzurüsten.

Gary Oates, Öffne mir die Augen, Herr

Wie wir mit Gott und seinen Engeln zusammenarbeiten können

120 Seiten; Paperback

Das Leben des heutigen „Normalchristen“ ist nur wenig vom Übernatürlichen geprägt. Bei Gary Oates war das nicht anders, bis er durch einen großen geistlichen Hunger einige einschneidende Erlebnisse mit Gott hatte. Er wurde auf dramatische Weise im Geist in die Gegenwart Gottes versetzt und es wurden ihm die Augen für den Dienst der Engel geöffnet.

Dieses Buch geht nicht nur auf diese Erlebnisse ein, sondern ist eine praktische Anleitung dafür, wie wir in eine solche Vertrautheit mit Gott hineinfinden können, dass auch unsere geistlichen Sinne für diese himmlischen Dimensionen geöffnet werden.

David Herzog, Geheimnisse der Herrlichkeit

Wie Gott sein Volk auf die Endzeit vorbereitet

184 S.; Paperback

Wir erleben heute erste Anzeichen der größten von Zeichen und Wundern geprägten Erweckung seit der Apostelgeschichte. Die Herrlichkeit Gottes manifestiert sich auf der Erde immer stärker. Damit einher gehen neue Erkenntnisse und eine große Ernte von Menschen, da jede große Bewegung Gottes naturgemäß auch eine neue Ernte nach sich zieht. David Herzog erklärt, wie in dieser neuen Bewegung Gottes neben ungewöhnlichen und kreativen Wundern (einschließlich Totenauferweckungen, geografischem Versetztwerden und Besuchen von Engeln) auch andere Dinge zur Erfüllung kommen wie die Rückkehr zu unseren hebräischen Wurzeln und die Einheit im Leib Christi.

Frank Krause, Die Schriftrolle der Liebe (Band 1)

Die Stadt der Liebe und dein Körper der Liebe

160 Seiten; Paperback

Nachdem der Autor lange um eine Offenbarung der Geheimnisse der Liebe gebetet hatte, kam eines Tages ein Engel zu ihm, der ihm die Schriftrolle der Liebe brachte.

In diesem Band wird die Schriftrolle geöffnet und gibt ihre ersten Geheimnisse preis. Sie drehen sich um die Art der Gemeinschaft – die „Stadt" –, welche die Liebe baut, sowie um überraschende Erkenntnisse über die Bedeutung unseres Körpers. Viele Aspekte des äußeren Leibes und eine ganze Reihe von inneren Organen werden besprochen. Ihre Widerspiegelung höherer Zusammenhänge und geistlicher Prozesse ist augenöffnend.

Insbesondere der Weg, auf dem Jesus den Autor auf eine Reise durch das Gehirn mitnimmt, ist überaus spannend und gibt tiefe Einblicke in den heutigen Gebrauch und Missbrauch unseres Denkapparates. Auch der Frage, warum eigentlich so viele Bereiche des menschlichen Gehirns ungenutzt brachliegen, wird nachgegangen.

Bill Johnson / Randy Clark, Berufen zu heilen (B. 1)

Grundlagen und Praxis des Gebets für Kranke, 240 S., Pb.

Jeder Christ kann von Gott gebraucht werden, um anderen Heilung zukommen zu lassen. Das ist das Anliegen der beiden Autoren. Dazu berichten Sie, wie Gott sie in den Heilungsdienst hineinführte, und legen anschließend klare biblische Grundlagen für das Heilungsgebet.

Im umfangreichsten Teil gehen sie auf verschiedene Aspekte ein, die für eine Heilung förderlich sind, erläutern, wie seelische und körperliche Krankheiten zusammenhängen und stellen dann ein in der Praxis bewährtes Modell für das Gebet um Heilung vor, das für alle Christen leicht anwendbar ist.

Judy Franklin / Beni Johnson, Den Himmel erleben

Wie wir in Gottes Dimension eintreten können

Vorwort von Bill Johnson; 200 S., Pb.

Judy Franklin, die Sekretärin von Bill Johnson, versteht es meisterhaft, die christliche Gemeinde zu ihrem ursprünglichen Auftrag, im Geist zu leben, zurückzuführen. Ihr Buch liest sich wie eine Schatzkarte, die einen vom Chaos dieser Welt zu übernatürlichen Erfahrungen führt.

Aufgrund ihrer Kindheitserlebnisse hatte Judy Franklin lange Zeit gedacht, sie sei dumm und könne nicht geliebt werden. In diesem Buch berichtet sie, wie Gott sie in die himmlische Welt sehen ließ und ihr persönlich begegnete, sodass sie diese Erfahrungen überwinden konnte.

Die praktischen Tipps und Anleitungen helfen Ihnen, den Vater sehr persönlich kennenzulernen. Die Autorin berichtet, wie sie Hindernisse zu dieser Erfahrung überwand, und bezeugt dadurch Gottes Kraft zu heilen und seine liebevolle Freundlichkeit und Güte gegenüber allen, die sich danach sehnen, ihn zu kennen und eine tiefere Vertrautheit mit Christus zu erleben.

Barry & Lori Byrne, Liebe in der Ehe

Eine tiefere geistliche, emotionale und körperliche Einheit erleben; Vorwort von Bill Johnson; 334 S., Klappenbroschur

Gott möchte, dass die Ehe ein Ort echter Liebe und Vertrautheit ist. Dafür brauchen wir die Hilfe des Heiligen Geistes. Mit ihm können wir die Ursachen unserer Konflikte erkennen und überwinden. Unsere Ehe kann Heilung und Wiederherstellung erfahren, egal, wie der momentane Zustand ist.

Mit klarer biblischer Lehre und vielen praktischen Hilfen packen die Autoren die wichtigsten heißen Eisen an. Viele ermutigende Erfahrungsberichte verdeutlichen die dramatische Heilung und Intimität, die mit Gottes Hilfe möglich ist.

Gerd Flügel

Gottes Herrlichkeit und Kraft erfahren

Ein praktischer Leitfaden; 240 S.; Pb.;

Der Autor entwickelt leidenschaftlich und biblisch fundiert ein ganzheitliches Bild von Gott und seiner Herrlichkeit und skizziert dann eine Reihe von Wegen, wie wir in unserer Identität als von Gott Geliebte Gottes Herrlichkeit und Kraft erfahren können. Als Höhepunkt beschreibt er auslegend den Thron Gottes in seinen überwältigenden Farben.

Im dritten Teil schließlich lässt uns der Autor als Höhepunkt die Tiefe des Reichtums von Gottes Herrlichkeit „schmecken und sehen", indem er auslegend den Thron Gottes in seinen überwältigenden Farben beschreibt.